はしがき

　相続につきましては、人生に一度か二度あるかないか、というのが実情です。ですから、いざ相続が発生した際には、あまりなじみがないので大変困ったという声をよく聞きます。

　そこで今回、相続税の概要・相続開始前後にできること・相続開始後スケジュール・相続と消費税・遺産分割・遺言・名義変更・書式集・相続税申告資料チェックリストと、その主な項目を簡単にまとめてみました。

　簡単ではありますが、相続をする上で必ずでてくる項目だけを抜き出したつもりでありますので是非ご活用ください。

　2024 年から贈与の制度が改正となり、相続への備えがますます重要となります。本書はその備えへのポイントをわかりやすくまとめたつもりです。

　また、この小冊子をご覧になった方で質問等がある方は、連絡先が最後のページに掲載してありますので何なりとご連絡ください。弊社の担当者が親切・丁寧に対応させて頂きます。

　皆様に少しでもお役立て頂ければ幸いに存じます。

2024 年 5 月吉日

辻・本郷 税理士法人

理事長　徳田　孝司

※本書は 2024 年 5 月 1 日現在の税制に基づいて作成しております。

目次

第1章　相続税とは何か　5

1　相続税の概要 ▶▶ 6

2　財産評価 ▶▶ 10

3　相続税はかかりますか？ ▶▶ 14

4　贈与税①　暦年課税制度 ▶▶ 19

5　贈与税②　相続時精算課税制度 ▶▶ 24

6　贈与税③　相続税・贈与税一体課税 (令和 5 年度税制改正) ▶▶ 30

第2章　できることは早めに！　33

1　相続開始前にできること ▶▶ 34

2　相続開始後にできること ▶▶ 44

3　納税方法の検討 ▶▶ 47

4　税務調査はどう行われるの？ ▶▶ 54

5　所得金額が 2,000 万円を超え一定額以上の財産を保有する場合の調書制度 ▶▶ 57

6　国外に 5,000 万円超の財産を保有する場合の調書制度 ▶▶ 59

7　国外転出をする場合の譲渡所得等の特例（出国税）▶▶ 61

第3章　相続開始後スケジュール　67

1　相続税申告スケジュール早見表 ▶▶ 68

2　相続の放棄又は限定承認は 3 ヶ月以内に！ ▶▶ 70

3　相続人の青色申告の届出は通常 4 ヶ月以内に！ ▶▶ 71

4　被相続人の所得税の準確定申告は 4 ヶ月以内に！ ▶▶ 72

5　相続税の申告・納税は 10 ヶ月以内に！ ▶▶ 73

第4章　相続と消費税 75

1　消費税申告スケジュール早見表 ▶▶ 76

2　被相続人の消費税の申告と届出 ▶▶ 77

3　相続人の消費税の納税義務判定 ▶▶ 79

4　納税義務判定の具体例 ▶▶ 81

5　相続人の消費税の届出 ▶▶ 83

第5章　遺産分割の留意点 89

1　遺産分割の方法は4パターンあり！ ▶▶ 90

2　遺産分割は相続税申告期限内にまとめましょう！ ▶▶ 92

3　『配偶者居住権』と『配偶者居住権』を利用した新しい遺産分割の方法 ▶▶ 94

4　配偶者の税額軽減を最大限に活用しよう！ ▶▶ 99

5　小規模宅地等の減額 ▶▶ 100

6　取引相場のない株式等に係る贈与税・相続税の納税猶予制度の特例 創設 ▶▶ 113

7　取引相場のない株式等に係る相続税の納税猶予制度の特例 ▶▶ 116

8　取引相場のない株式等に係る贈与税の納税猶予制度の特例 ▶▶ 118

9　相続税・贈与税の納税猶予制度の流れ ▶▶ 120

10　中小企業における経営の承継の円滑化に関する法律 ▶▶ 122

11　民法改正による遺留分の算定方法の見直し ▶▶ 126

12　農地等の相続税の納税猶予制度 ▶▶ 127

13　申告期限までに相続財産が未分割の場合 ▶▶ 129

第6章　遺言がある場合の手続き　131

1　遺言の種類 ▶▶▶ 132

2　遺言書の開封・検認・執行 ▶▶ 135

3　遺留分侵害額請求って何？ ▶▶ 137

第7章　名義変更の手続き　141

1　相続開始後の名義変更の手続き ▶▶ 142

2　遺産分割後の名義変更の手続き ▶▶ 144

第8章　書式集　147

1　贈与契約書／通常の場合 ▶▶ 148

2　贈与契約書／受贈者が未成年の場合（法定代理人 父と母が署名捺印） ▶▶ 149

3　遺言書 ▶▶ 150

4　遺産分割協議書 ▶▶ 152

第9章　相続税申告資料チェックリスト　155

第 **1** 章

相続税とは何か

1 相続税の概要

Point

~悲しみの上にも相続税~

いつまでも悲しんでいられません。

申告期限はすぐにやってきます。

(1) 相続税とは

　相続税は、法定相続人が相続財産を相続した場合、または遺言により相続財産の遺贈を受けた場合に課税されます。

(2) 法定相続人とは

　民法では、相続人の範囲が決められています。下記の表のように、順番が決まっており、これを、法定相続人といいます。

▶法定相続人の相続順位

　第1順位　子と配偶者

　第2順位　配偶者と直系尊属

　第3順位　配偶者と兄弟姉妹

[遺言などにより相続分の指定がないときの共同相続人の相続分]

相続人の構成	相続人	法定相続分
①子、配偶者	配偶者	1/2
	子	1/2
②配偶者、直系尊属	配偶者	2/3
	直系尊属	1/3
③配偶者、兄弟姉妹	配偶者	3/4
	兄弟姉妹	1/4
④子、直系尊属又は兄弟姉妹人数	各自均分	
⑤配偶者のみ	―	全額

（3）相続財産

①本来の相続財産

プラスの財産	マイナスの財産
換金性のあるもの	借入金など

②暦年贈与財産と相続時精算課税制度による贈与財産

暦年贈与をした財産	相続開始前 3 年以内の贈与分のみ相続財産に加算※1
相続時精算課税制度による贈与をした財産	相続財産にすべて合算※2

※1　令和 5 年度税制改正により、相続開始前に贈与があった場合の課税価格への加算期間が、現行の 3 年から 7 年に延長されることとなりました。令和 6 年 1 月 1 日以降に受けた贈与について適用されますが、経過措置期間については 3 〜 7 年以内の加算となり、3 年後の令和 9 年 1 月 1 日から順次延長され、令和 13 年 1 月 1 日以降の贈与について完全適用となります。

※2　相続時精算課税制度による贈与をした財産については、暦年課税の基礎控除とは別途、課税価格から基礎控除 110 万円を控除できることとなりました。令和 6 年 1 月 1 日以降に贈与によって取得する財産に係る相続税について適用されます。

プラスの財産

❶ 《民法上の相続財産》

　・土地・建物

　・借地権

　・現預金

　・有価証券（上場株式・自社株・公社債・投資信託 etc）

　・貸付金・売掛金

　・特許権・著作権

❷ 《贈与により相続財産とされるもの》

　・相続開始前三年内の暦年課税贈与財産　P7※1を参照

　・相続時精算課税制度により贈与された財産　P7※2を参照

　・贈与税の納税猶予制度により贈与された非上場株式

❸ 《みなし相続財産》

　・死亡保険金（生命保険・損害保険）

　・死亡後3年以内に確定した退職手当金（一定額を除く）

　・生命保険契約に関する権利

マイナスの財産

　・借入金・買掛金

　・未払いの所得税・固定資産税等・住民税など

　・預り敷金・保証金

③みなし相続財産

　民法上は受取人固有の財産ですが、相続税法上は相続財産とみなして相続税が課される財産があり、これを「みなし相続財産」といいます。

　このうち生命保険金と退職手当金については、それぞれ「法定相続人の数× 500万円」を非課税財産として控除することができます。

生命保険金の非課税枠

500 万円 × 法定相続人の数

退職手当金の非課税枠

500 万円 × 法定相続人の数

（4）小規模宅地等の検討

　被相続人の居住用であった宅地など、特定居住用宅地等については、相続財産の評価額は 80％引き（＝ 20％の評価）となります。

（詳細は第 5 章 P100「小規模宅地等の減額」をご参照ください）

（5）基礎控除

　相続税法には、さらに以下の基礎控除が設けられています。

基礎控除額

3,000 万円＋（600 万円 × 法定相続人の数）

2 財産評価

Point

相続財産の代表例は土地、建物、預金です。

土地は路線価、建物は固定資産税評価額、

預金は相続開始日の残高により評価します。

（1）土地の相続税評価を求めよう！

面積と路線価からおおよその相続税評価額を求めます。

場所	面積（㎡）		路線価		割合	相続税評価額	備考
自宅		×		×			P11①より
自宅以外		×		×			P11②より
		×		×			
		×		×			
		×		×			
		×		×			
		×		×			
		×		×			
		×		×			
		×		×			
		×		×			
		×		×			
		×		×			
		×		×			
		×		×			
					合計		P12（2）一覧表へ

単位：万円　　※1坪＝約3.3㎡です

①自宅（330㎡以下の場合は（イ）、330㎡を超える場合は（ロ）を記入します）

　イ．自宅の敷地が330㎡以下の場合（※330㎡までは80%評価減となります）

$$面積 × 路線価 ×20\% = \boxed{（イ）\qquad} 万円$$

　ロ．自宅の敷地が330㎡を超える場合

（A）面積 × 路線価 = ▭ 万円

（B）評価減の金額

$$\boxed{（A）\quad} 万円 × \frac{330㎡}{\boxed{土地の面積}} ×80\% = \boxed{\qquad} 万円$$

$$（ロ）= A － B \boxed{\qquad} 万円$$

※一定の要件を満たさない場合には、評価減をとることはできません

②自宅以外の土地

　自宅以外の土地については、下記の利用区分によってそれぞれの割合を掛けます。

　田、畑で納税猶予される場合は記入しないで結構です。

　事業用宅地についても評価減できますが、計算が複雑になるため省略しています。

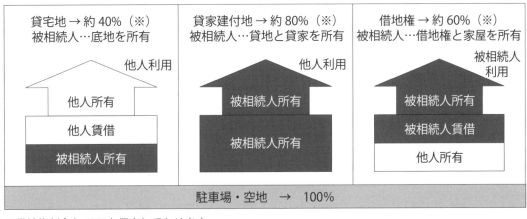

※借地権割合を60%と仮定しております。

（2）相続財産の一覧表を作ろう！

			計算方法	相続税評価額	備考
財産	不動産	土地	（1）の合計		
		家屋	固定資産税評価額		納税通知書に記載されています
		貸家	上記の70%		
		事業用財産	未償却残高		個人事業者の場合 （確定申告書から）
	有価証券	上場株式	現在の株価 × 持株数		新聞株価欄
		未上場株式	1株純資産 × 持株数		1株純資産＝ 自己資本 ÷ 株式総数
		投資信託	現在の時価 × 口数		新聞株価欄
		その他証券	額面金額		
	現預金		現在の残高		
	生命保険金等	生命保険金	保険金ー非課税額		非課税額＝ 500万円 × 法定相続人の数
		退職手当金	退職金ー非課税額		非課税額＝ 500万円 × 法定相続人の数

			計算方法	相続税評価額	備考
財産	その他	ゴルフ会員権	時価の 70％程度		取引業者に問い合わせます
		その他			
		相続時精算課税に係る生前贈与財産の価額の合計額	贈与時の時価（相続税評価額）の合計額		
		財産合計			
債務		借入金	現在の残高		
		葬式費用	法要等の費用は除く		
		敷金・保証金	現在の残高		
		その他			
		債務合計			
相続財産の合計（財産合計−債務合計）					**「3」の税額計算で使う金額です**

3 相続税はかかりますか？

Point

あなたの相続準備は万全ですか?

基礎控除額を求めて相続税が支払えるかどうかチェックしましょう!

相続税がかかるかどうかチェックしてみましょう。

①法定相続人は何人ですか？（P6 参照）

　　　　　　　　　人

②基礎控除額を計算しましょう。

3,000 万円 ＋ 600 万円 × ① 　　　　　　人＝ 　　　　　　万円

③相続財産の合計額

　　　　　　　 ＜ ②基礎控除 　⇒相続税はかかりません

（P13の金額） ＞ ②基礎控除 　⇒次ページ〈相続税早見表〉で
　　　　　　　　　　　　　　　　　相続税を求めてください

約　　　　　　万円

※早見表にない場合は
おおよその金額を求めてください

④第二次相続も計算してみましょう。

　　（a）第一次相続により取得した財産

　　　　　　┌──────────┐
　　　　　　│　　　　　　　　　　│　**万円**
　　　　　　└──────────┘

　　（b）（a）＋配偶者固有の財産

　　　　　　┌──────────┐
　　　　　　│　　　　　　　　　　│　**万円**
　　　　　　└──────────┘

　　（c）〈相続税早見表〉②配偶者がいない場合（P17）により相続税額を求めます。

　　　　　　┌──────────┐
　　　　　　│　　　　　　　　　　│　**万円**
　　　　　　└──────────┘

[相続税早見表] 　①配偶者あり

課税価格	子供数１人	子供数２人	子供数３人	子供数４人	子供数５人
5,000	40	10	0	0	0
6,000	90	60	30	0	0
8,000	235	175	137	100	70
10,000	385	315	263	225	188
15,000	920	748	665	588	530
20,000	1,670	1,350	1,218	1,125	1,033
25,000	2,460	1,985	1,800	1,688	1,595
30,000	3,460	2,860	2,540	2,350	2,243
35,000	4,460	3,735	3,290	3,100	2,930
40,000	5,460	4,610	4,155	3,850	3,660
45,000	6,480	5,493	5,030	4,600	4,410
50,000	7,605	6,555	5,963	5,500	5,203
55,000	8,730	7,618	6,900	6,438	6,015
60,000	9,855	8,680	7,838	7,375	6,913
65,000	11,000	9,745	8,775	8,313	7,850
70,000	12,250	10,870	9,885	9,300	8,830
75,000	13,500	11,995	11,010	10,300	9,830
80,000	14,750	13,120	12,135	11,300	10,830
85,000	16,000	14,248	13,260	12,300	11,830
90,000	17,250	15,435	14,385	13,400	12,830
95,000	18,500	16,623	15,510	14,525	13,830
100,000	19,750	17,810	16,635	15,650	14,830
110,000	22,250	20,185	18,885	17,900	16,915
120,000	24,750	22,560	21,135	20,150	19,165
130,000	27,395	25,065	23,500	22,450	21,458
140,000	30,145	27,690	26,000	24,825	23,833
150,000	32,895	30,315	28,500	27,200	26,208
200,000	46,645	43,440	41,183	39,500	38,083
250,000	60,395	56,630	54,308	52,050	50,500
300,000	74,145	70,380	67,433	67,433	63,000

※１　課税価格＝相続財産－債務・葬式費用 (単位：万円)
※２　配偶者の税額軽減を法定相続分まで活用するものとします。
※３　子供はすべて成人とし、孫との養子縁組はしていないものとします。

[相続税早見表]　②配偶者なし

課税価格	子供数 1 人	子供数 2 人	子供数 3 人	子供数 4 人	子供数 5 人
5,000	160	80	20	0	0
6,000	310	180	120	60	0
8,000	680	470	330	260	200
10,000	1,220	770	630	490	400
15,000	2,860	1,840	1,440	1,240	1,100
20,000	4,860	3,340	2,460	2,120	1,850
25,000	6,930	4,920	3,960	3,120	2,800
30,000	9,180	6,920	5,460	4,580	3,800
35,000	11,500	8,920	6,980	6,080	5,200
40,000	14,000	10,920	8,980	7,580	6,700
45,000	16,500	12,960	10,980	9,080	8,200
50,000	19,000	15,210	12,980	11,040	9,700
55,000	21,500	17,460	14,980	13,040	11,200
60,000	24,000	19,710	16,980	15,040	13,100
65,000	26,570	22,000	18,990	17,040	15,100
70,000	29,320	24,500	21,240	19,040	17,100
75,000	32,070	27,000	23,490	21,040	19,100
80,000	34,820	29,500	25,740	23,040	21,100
85,000	37,570	32,000	27,990	25,040	23,100
90,000	40,320	34,500	30,240	27,270	25,100
95,000	43,070	37,000	32,500	29,520	27,100
100,000	45,820	39,500	35,000	31,770	29,100
110,000	51,320	44,500	40,000	36,270	33,300
120,000	56,820	49,500	45,000	40,770	37,800
130,000	62,320	54,790	50,000	45,500	42,300
140,000	67,820	60,290	55,000	50,500	46,800
150,000	73,320	65,790	60,000	55,500	51,300
200,000	100,820	93,290	85,760	80,500	76,000
250,000	128,320	120,790	113,260	105,730	101,000
300,000	155,820	148,290	140,760	133,230	126,000

〈相続税が支払えるかどうかチェックしてみましょう。〉

(1) 相続税の税額 （P14③の相続税額）	万円

(2) 支払資金の内訳　※P12～13　相続財産の一覧表　参照	
①現金預金	万円
②上場株式	万円
③その他の証券	万円
④生命保険金	万円
⑤退職金	万円
⑥その他	万円
①～⑥　合計	万円

(3) 納税過不足額 (2)－(1)	万円

(3) の金額が **プラス**	▶	納税資金は安心♪ さらに余裕のある 相続計画を！
(3) の金額が **マイナス**	▶	**相続対策が 必要です！**

贈与税①
暦年課税制度

Point

贈与税は、その年の 1 月 1 日から 12 月 31 日までの 1 年間に
その受贈者が贈与により取得した財産の価額の合計額から
110 万円の基礎控除額を差し引いた後の課税価格に
税率を乗じて計算します。これを暦年課税贈与といいます。
また、18 歳以上（※）の子や孫等に贈与した場合に、
税率が軽減される「特例贈与制度」が創設されています。

暦年贈与制度 ───┬── **特例贈与制度（18 歳以上（※）の子・孫等に限定）**

　　　　　　　　　└── **一般贈与制度**

※　民法改正により成年年齢が引き下げられることに伴い、
　　2022 年 4 月 1 日以後の贈与については「18 歳以上」となります。
　　同日より前は、「20 歳以上」でした。

（1）贈与税の計算方法

贈与税額 ＝ 課税価格 × 税率 － 控除額

（課税価格＝その受贈者が一年間に贈与を受けた金額の合計額－ 110 万円（基礎控除））

[贈与税の速算表]

〈特例贈与〉（18歳以上（※）の子・孫等に贈与）

課税価格 （贈与額－110万円）	税率	控除額
200万円以下の金額	10%	-
400万円　　〃	15%	10万円
600万円　　〃	20%	30万円
1,000万円　　〃	30%	90万円
1,500万円　　〃	40%	190万円
3,000万円　　〃	45%	265万円
4,500万円　　〃	50%	415万円
4,500万円超の金額	55%	640万円

〈一般贈与〉

課税価格 （贈与額－110万円）	税率	控除額
200万円以下の金額	10%	-
300万円〃	15%	10万円
400万円〃	20%	25万円
600万円〃	30%	65万円
1,000万円　　〃	40%	125万円
1,500万円　　〃	45%	175万円
3,000万円　　〃	50%	250万円
3,000万円超の金額	55%	400万円

［贈与税額早見表］

〈特例贈与〉（18歳以上（※）の子・孫等に贈与）　〈一般贈与〉

贈与金額	贈与税額	実質税率	贈与金額	贈与税額	実質税率
110	0	0.0%	110	0	0.0%
200	9	4.5%	200	9	4.5%
300	19	6.3%	300	19	6.3%
400	33.5	8.4%	400	33.5	8.4%
500	48.5	9.7%	500	53	10.6%
600	68	11.3%	600	82	13.7%
700	88	12.6%	700	112	16.0%
800	117	14.6%	800	151	18.9%
900	147	16.3%	900	191	21.2%
1,000	177	17.7%	1,000	231	23.1%
1,500	366	24.4%	1,500	450,5	30.0%
2,000	585.5	29.3%	2,000	695	34.8%
2,500	810.5	32.4%	2,500	945	37.8%
3,000	1,035.5	34.5%	3,000	1,195	39.8%
4,000	1,530	38.3%	4,000	1,739.5	43.5%
5,000	2,049.5	41.0%	5,000	2,289.5	45.8%
6,000	2,599.5	43.3%	6,000	2,839.5	47.3%
7,000	3,149.5	45.0%	7,000	3,389.5	48.4%
8,000	3,699.5	46.2%	8,000	3,939.5	49.2%
9,000	4,249.5	47.2%	9,000	4,489.5	49.9%
10,000	4,799.5	48.0%	10,000	5,039.5	50.4%
15,000	7,549.5	50.3%	15,000	7,789.5	51.9%

（単位：万円）　　　　　　　　　　　　　（単位：万円）

（2）贈与税の非課税財産

下記の財産の贈与については贈与税の課税はありません。

①法人からの贈与財産

②夫婦や親子、兄弟姉妹などの扶養義務者から必要の都度支払われる生活費、教育費

③離婚による財産分与によって取得した財産

（3）贈与税の配偶者控除

婚姻期間 20 年以上の夫婦間での居住用不動産又は居住用不動産の購入資金の贈与には、 1 回に限り最高 2,000 万円までの控除を受けることができます。

この特例は、贈与税の基礎控除と合わせて受けることができます。
（最高で 2,110 万円の住宅又は住宅購入資金が無税で贈与が可能）

ただし、無税でも申告は必要になります。

［配偶者控除額早見表］

居住用不動産等	20,000	25,000	30,000	35,000	40,000	50,000
税額	0	530	2,310	4,505	6,950	11,950

（単位：千円）

（4）住宅取得等資金の贈与を受けた場合の特例

　18 歳以上※の人が直系尊属から一定の要件を満たす住宅の取得等をするために金銭等の贈与を受けた場合には、その贈与を受けた金額のうち次に掲げる金額（プラス基礎控除額）までは、贈与税はかかりません。

※ 2022 年 1 月 1 日以後は 18 歳以上（同日より前は 20 歳以上）

贈与を受けた日	住宅用の家屋の種類	
	省エネ等住宅	左記以外の住宅
2022 年 1 月 1 日〜 2026 年 12 月 31 日	1,000 万円	500 万円

※ 受贈者の合計所得金額が 2,000 万円（床面積が 40㎡以上 50㎡未満の場合は 1,000 万円）をこえる場合には特例は適用することはできません。

贈与税②
相続時精算課税制度

Point

この制度は、親から子供への贈与について、とりあえず入口で、

「2,500万円までの贈与は非課税、

これを超える部分について一律20%で課税」され、

相続時に相続財産と合算して相続税額を算出し、

既に納めた贈与税額を控除することにより出口で精算します。

(1)「相続時精算課税制度」と「暦年課税制度」との比較表

		相続時精算課税制度	暦年課税制度
①適用対象者	贈与者	60歳以上の親又は祖父母 （その年の1月1日現在）	制限なし
	受贈者	18歳以上（※）の子供又は孫 （その年の1月1日現在）	
②適用手続		贈与を行った年の 翌年3月15日までに 税務署へ届出が必要。	手続不要
③取りやめ		一度選択したら 手続きを取りやめることは できません。	－
④選択単位		受贈者である兄弟姉妹が各々、 贈与者である父、母ごとに 選択可能。（子供に選択権あり。）	なし
⑤対象財産		制限なし	

	相続時精算課税制度	暦年課税制度
⑥控除額	一生涯で 2,500 万円（特別控除） （特別控除額を限度として 複数年にわり利用可能）（※2）	年間基礎控除 110 万円 （毎年利用可能）
⑦税率	特別控除額を超えた 金額に対して一律 20%	10%〜55%（超過累進税率） (注) 18 歳以上の子・孫は特例贈与（P19 参照）
⑧申告の要否	届出後の贈与はすべて必要（※2）	基礎控除額を超える贈与
⑨相続税との 関係	すべて相続財産と合算（※2）	相続開始前 3 年以内（※3） のものに限り加算、 それ以外の贈与は相続税と無関係
⑩相続時に加算 される価額	贈与時の時価（相続税評価額）	
⑪贈与税の控除	控除しきれない贈与税相当額 については還付	控除しきれない贈与税 については還付されない

（※1）　民法改正により成年年齢が引き下げられることに伴い、2022 年 4 月 1 日以後の贈与については「18 歳以上」となります。同日より前は「20 歳以上」。

（※2）　2024 年 1 月 1 日以降は一生涯で 2,500 万円の特別控除と年間 110 万円の基礎控除となり、年間 110 万円の基礎控除を超えない場合贈与税の申告不要。
年間 110 万円の基礎控除部分は相続財産に合算されない。

（※3）2024 年 1 月 1 日以降に行った贈与については相続開始前 7 年以内 (相続開始前 3 年以内に贈与により取得した財産以外の財産についくはその財産の価額の合計額から 100 万円を控除した残額)

（2）住宅取得等資金の贈与を受けた場合の特例

　一定の要件を満たす住宅の取得等をするために相続時精算課税制度により金銭等の贈与を受けた場合には、親の年齢条件がなくなるとともに、次に掲げる金額（プラス基礎控除額）までは、贈与税はかかりません。

贈与を受けた日	住宅用の家屋の種類	
	省エネ等住宅	左記以外の住宅
2022 年 1 月 1 日〜 2026 年 12 月 31 日	1,000 万円	500 万円

※ 受贈者の合計所得金額が 2,000 万円（床面積が 40㎡以上 50㎡未満の場合は 1,000 万円）をこえる場合には特例は適用することはできません。

（3）この制度の活用方法

　この制度は、「将来相続税がかからない人」や「かかってもわずかな人」にとっては遺留分に注意した上で積極的に利用してかまいません。

　しかし、「将来相続税のかかる人」にとっては、相続時に合算されるため、相続時に財産が値上がりした場合を除いて、相続税を軽減する効果はありません。

　ただし、以下のように別の観点から見た実質的なメリットはあると考えられます。

①収益物件の贈与

　親から子へマンション・アパート・貸店舗等の収益物件を生前に贈与すれば、贈与後の家賃収入は子に帰属し、将来の相続税の納税資金を確保することができます。

②株式公開直前の株式

　通常、株式は公開すると高くなってしまう傾向にあるため、株式を公開をする直前に後継者などに生前贈与することは効果的であると考えられます。

③その他、効果的な使途の見込める財産

　　ａ．子の事業開始に伴う元手資金の援助をしてあげたい場合。

　　ｂ．将来海外に出て働く夢を持っている子の海外留学資金を援助してあげたい場合。

　　ｃ．子に金利の高い借入金がある場合、親からの贈与により借入金を返済してあげたい場合。

　その他にも、使いみちにより効果が得られると考えられるものについては相続税の負担の減少効果にかかわらず生前贈与をしてもよいと考えられます。

〈図表　相続時精算課税制度の仕組み〉

―前提―

・法定相続人　子供1人（基礎控除額　3,600万円）

・生前贈与は1回目　1,500万円　2回目　1,000万円　3回目　500万円の計3回

・相続時の相続財産が4,000万円

〈贈与の計算〉

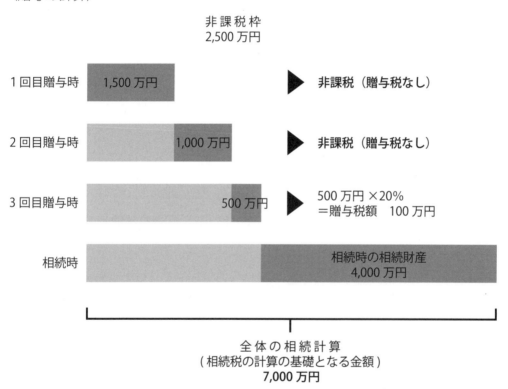

〈相続時の計算〉

① 7,000万円 － 3,600万円（基礎控除）＝ 3,400万円

② 3,400万円 × 20% － 200万円（超過累進税率）＝ 480万円

③ 480万円 － 100万円（贈与税額）＝ 380万円

（4）2024 年以後の相続時精算課税制度の活用

　令和 5 年度税制改正により、2024 年 1 月 1 日以後の贈与について大きな見直しがありました。

　暦年課税制度の相続財産への加算期間が相続開始前「3 年以内のもの」から「7 年以内のもの」に変わる一方、相続時精算課税制度には年間 110 万円の基礎控除額が新たに設けられました。

　基礎控除額を超えない贈与の場合は贈与税の申告は不要となり、相続開始までの年数に関わらず相続財産に加算されません。

　そのため、暦年課税制度を利用するより相続時精算課税制度を利用した方がメリットがあるような人が増えると考えられます。ただし、一度選択したら手続きを取りやめることができないこと、年間 110 万円の基礎控除額を超える部分の贈与財産はすべて相続財産に合算されることは変わらないため、届出を行う際は慎重な判断が必要となります。

6 贈与税③
相続税・贈与税一体課税
（令和5年度税制改正）

Point

令和5年度税制改正により、暦年課税制度については、

生前贈与加算の期間が、

令和6年以降3年から7年に延長されることとなりました。

その代わり、相続時精算課税制度については、

新たに基礎控除110万円が創設され使い勝手がよくなりました。

(1) 暦年課税制度の見直し

　相続開始前の贈与があった場合の加算期間が現行の3年から7年に延長されます。また、この改正により延長された期間に受けた贈与については、その期間の合計額から総額100万円を控除した残額を相続税の課税価格に加算します。

　この改正は、2024年1月1日以後の贈与により取得する財産に係る相続税について適用されます。

(2) 相続時精算課税制度の見直し

　上記Pointに記載の通り、相続時精算課税制度にも、暦年贈与の基礎控除とは別途、毎年の贈与額から控除できる基礎控除110万円が創設されます。

　また、相続時精算課税で受贈した一定の土地建物が災害等により被害を受けた場合には、その評価額から被害を受けた部分に相当する額を控除することができるようになります。

　基礎控除の創設は、2024年1月1日以後の贈与について適用され、災害により被害を受けた場合の再計算については、2024年1月1日以後に生ずる災害により被害を受けた場合に適用されます。

	改正後
暦年贈与	<課税対象>9,230+670=**9,900 万円** 4 年分 - 100 万円　　3 年分 110 ① 110 ② 110 ③ 110 ④ 110 ⑤ 110 ⑥ 110 ⑦　相続 670 9,230 7 年分が加算対象
精算課税	<課税対象>9,230+0=**9,230 万円** 110 ① 110 ② 110 ③ 110 ④ 110 ⑤ 110 ⑥ 110 ⑦　相続 （選択） 0 9,230 毎年110 万円までは持戻しなし

（単位：万円）

(3) どちらの制度を選択？

　2024年以後は、現金の贈与を行う場合、特にどちらの制度を使うか選択に悩むところかと思います。一つの目安として、贈与者の年齢があります。つまり、生前贈与加算の7年の対象とならない比較的高齢ではない時期は暦年贈与により贈与を行い、7年の対象となりそうな高齢となってからは、相続時精算課税制度を活用し110万円以下の贈与を行い、相続財産への持ち戻しがない方法で贈与することも考えられます。相続時精算課税制度は、贈与者・受贈者の年齢要件もあるため、適用する場合には、要件の確認も必須となります。

　また、相続税の申告をしない孫や子供の配偶者などは、従前と同様に生前贈与加算の対象にはなっていません。令和5年度の改正により、孫等への活用も増えてくるかもしれません。

　その他、夫婦で資産を持っている方が、夫が子へ相続時精算課税制度、妻が子へ暦年課税制度により110万円ずつ贈与を行うと、子は年間220万円を非課税により贈与を受けることができます。

(4) いつから7年に？

　暦年贈与制度の生前贈与加算の期間が7年に改正されますが、2024年以後の相続でいきなり7年遡るわけではありません。経過措置が設けられており、2027年以後順次1年ずつ延長されていきます。

	2024 (令和6年)	2025 (令和7年)	2026 (令和8年)	2027 (令和9年)	2028 (令和10年)	2029 (令和11年)	2030 (令和12年)	2031 (令和13年)
加算期間	3年	3年	3年	最長4年	最長5年	最長6年	最長7年	7年

第2章

できることは早めに!

1 相続開始前にできること

Point

- 時間をかけてたくさん贈与！
- 誰から誰にでも贈与 OK ！

（1） 暦年課税贈与で相続財産から切り離そう！

110 万円の基礎控除を利用して、毎年こつこつとお子様たちに贈与していきましょう。

暦年課税贈与 ⟶	基礎控除年間 110 万円	⟶ 相続財産から分離

精算課税贈与 ⟶	特別控除 2,500 万円	⟶ 相続財産に合算

（2） 暦年課税贈与の配偶者控除を利用して自宅を贈与しよう！

暦年課税贈与 ⟶	配偶者控除 2,000 万円 ＋ 基礎控除年間 110 万円	⟶ 相続財産から分離

※ 婚姻 20 年以上の場合に限ります。

（3）収益物件を贈与しよう！

家賃収入がある建物を贈与すれば、家賃が子供の収入になります。

贈与するのは建物だけで構いません。（敷地を贈与する必要はありません。）

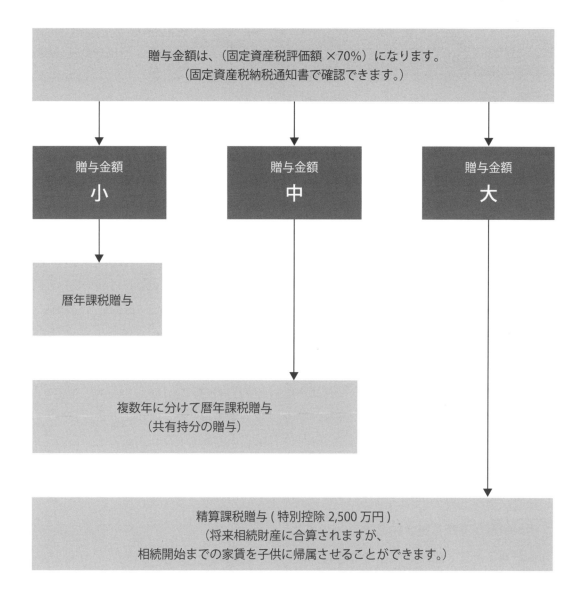

贈与金額は、（固定資産税評価額 ×70%）になります。
（固定資産税納税通知書で確認できます。）

贈与金額
小

贈与金額
中

贈与金額
大

暦年課税贈与

複数年に分けて暦年課税贈与
（共有持分の贈与）

精算課税贈与（特別控除 2,500 万円）
（将来相続財産に合算されますが、
相続開始までの家賃を子供に帰属させることができます。）

（4）退職金支給により評価を下げて自社株を贈与しよう！

　オーナー社長の引退または老齢で相続が迫っている時期には、社長へ退職金を多額に支払い、株価が下がったところを見計らって後継者に持株を贈与・譲渡しましょう。

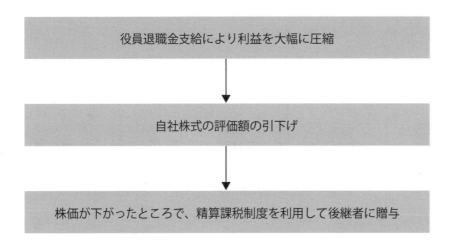

（5）孫を養子にしましょう

　養子が一人増えると、基礎控除が 600 万円増えるだけでなく、適用税率が下がる場合があります。さらに養子にしたからといって相続財産を分配する必要もありません。あくまでも、法定相続人の数を増やすことに意義があるのです。ただし、養子の数に含めることができる人数には一定の制限があります。

＜メリット＞

① 基礎控除が 600 万円増える。

② 適用税率が下がる場合がある。

③ 孫を養子として相続財産を取得させた場合は、相続税を 1 代飛ばせる。

＜デメリット＞

① 孫を養子とした場合は、孫の相続税が二割加算となります。

（6）生命保険でスムーズな遺産分割！

　死亡保険金は指定した受取人の固有の財産となりますので、遺産分割を行うことなく確実に受取人のものとなります。

　さらに、相続人全員で 500 万円×法定相続人の数までは非課税となります。

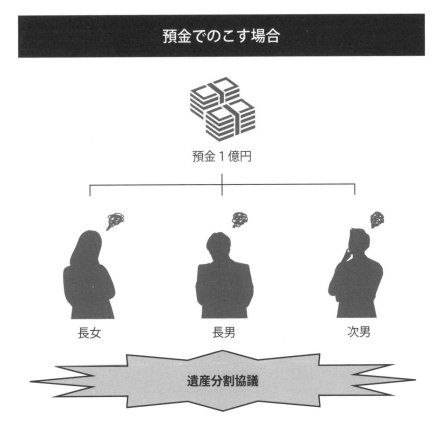

生命保険でのこす場合			
契約者	父	父	父
被保険者	父	父	父
受取人	長女	長男	次男

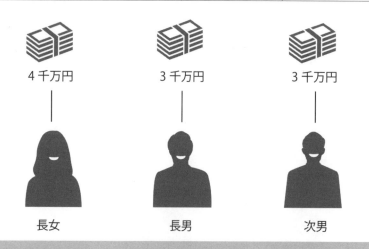

4千万円　　　　　3千万円　　　　　3千万円

長女　　　　　　　長男　　　　　　　次男

受取人固有の財産

さらに相続人全員で 1,500 万円まで非課税です。

（7）会社分割でスムーズな事業承継

　後継者が 2 人いる場合、会社を生前に分割して兄弟間の争いを未然に防ぎましょう。

例えば

①創業者は、a 事業と b 事業を行っている A 社の株を 100％所有しています。

②按分型の新設分割により B 社を設立し、B 社に b 事業を移します。

③この段階で、創業者は A 社と B 社の株を 100％所有しているので両社の経営を見ながら、生前贈与、親子間譲渡、遺言により、長男に A 社株式、次男に B 社株式を取得させます。

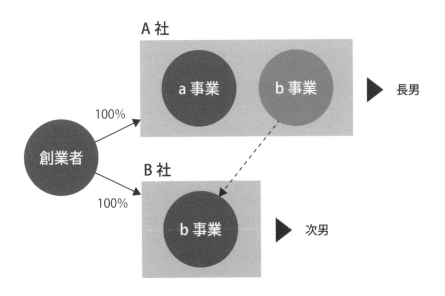

（8）小規模宅地等の減額の適用要件を確認しましょう

自宅は要件を充たせば 330㎡まで 8 割引！

↓

相続開始前に要件を充たしておきましょう！

↓

P100 ～ P112 を参考に要件をチェック！

（9）物納の条件整備を行っておきましょう

①測量等は相続開始前に！

　物納申請のためであっても相続発生後に生じた測量費用、境界確認費用等は相続税の債務控除の対象にはなりません。一方、相続発生前に行っておけばその費用分相続財産が減少し相続税の負担もその分減ることになります。

②隣地の方とは仲良く！

　物納の際には隣地の方から境界確認の印を頂く事になりますので、隣地の方々とは普段から仲良くしておきましょう。

（10）子や孫への教育資金の一括贈与非課税制度

　子や孫に教育資金を一括で贈与すると 1,500 万円まで非課税となる制度が 2013 年に創設されました。

　しかし、従来から、必要な都度、必要な金額だけ行う教育資金の贈与については、非課税です。（例えばお孫さんが大学へ入学する際に入学金を出してあげる場合など）

　よって、祖父母等の相続税の納税資金や、将来的な教育資金の額などを考慮しながら、組み合わせて活用していく必要があります。

〈制度の概要〉

受贈者	30 歳未満の者（子や孫） 教育資金の信託をする前年の受贈者の合計所得金額が 1,000 万円を超える場合には、適用を受けることができない。
贈与者	受贈者の直系尊属（親や祖父母）
非課税限度額	子・孫ごとに 1,500 万円（学校以外のものは 500 万円）
教育資金の範囲	＜1,500 万円限度＞ 学校の入学金、授業料、入学検定料　など ＜500 万円限度＞ 塾、野球教室、ピアノ教室、絵画教室、通学定期代、留学渡航代など ただし、受贈者が 23 歳に達して以降は、学校や教育訓練給付金の対象となる教育訓練以外の、いわゆるお稽古事に関する費用は、教育資金の範囲から除く。
受贈者 30 歳到達時	30 歳到達時において、現に①学校等に在学し又は②教育訓練給付金の支給対象となる教育訓練を受講している場合には、その時点で残高があっても、贈与税を課税しない。 その後①又は②のいずれかに該当する期間がなかった場合におけるその年の 12 月 31 日に、その時点の残高に対して贈与税を課税する（ただし、それ以前に 40 歳に達した場合には、その時点の残高に対して贈与税を課税することとする）。
贈与者死亡時	贈与者の相続開始前 3 年以内に行われた贈与について、贈与者の相続開始日において受贈者が次のいずれかに該当する場合を除き、相続開始時における残高を相続財産に加算する。 ①23 歳未満である場合 ②学校等に在学している場合 ③教育訓練給付金の支給対象となる教育訓練を受講している場合 ※2023 年 4 月 1 日以降の契約で一定の場合を除く
適用時期	2013 年 4 月 1 日から 2026 年 3 月 31 日までの間に拠出

（11）結婚・子育て資金の一括贈与非課税制度

　子や孫に結婚・子育て資金を一括で贈与すると 1,000 万円の非課税となります。ただし、使い切れなかった残額があるときは贈与税が課税されます。

〈制度の概要〉

受贈者	18 歳以上 50 歳未満の者（子や孫） ※2022 年 3 月 31 日以前については 20 歳以上 ただし、贈与を受ける年の前年の受贈者の合計所得金額が 1,000 万円を超える場合は、適用を受けることはできない。
贈与者	受贈者の直系尊属（親や祖父母）
非課税限度額	子・孫ごとに 1,000 万円（結婚関係のものは 300 万円）
結婚・子育て資金の範囲	＜1,000 万円限度＞ 不妊治療費・出産費用・産後ケア費用・ 　子の医療費保育費（ベビーシッター含む） ＜300 万円限度＞ 挙式費用・結婚に伴う新居の住居費・引越費用
贈与の方法	銀行、信託銀行、証券会社に金銭等を一括して信託として拠出する
適用時期	2015 年 4 月 1 日から 2025 年 3 月 31 日までの間の拠出

〈制度の流れ〉

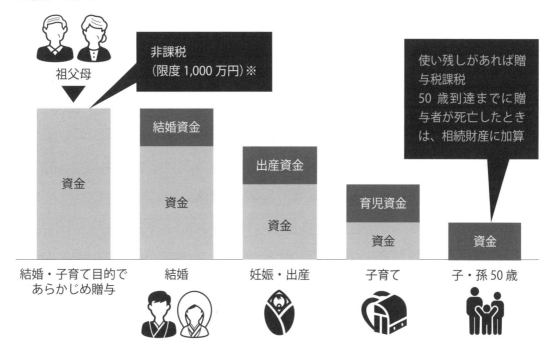

※結婚関係のものは 300 万円が限度額となります。

2 相続開始後にできること

Point

相続人が配偶者と子の場合、
配偶者が取得する財産は 1/2 まで非課税です。

（1）配偶者は優遇されます

　民法上の配偶者（内縁関係は×）が取得した財産は法定相続分と 1 億 6 千万の何れか高い金額までは相続税がかかりません。

（2）遺産分割は 2 次相続まで考えて

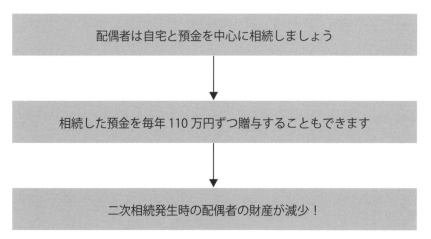

配偶者は自宅と預金を中心に相続しましょう

相続した預金を毎年 110 万円ずつ贈与することもできます

二次相続発生時の配偶者の財産が減少！

（3）取得費加算の特例の活用

相続取得財産は 3 年以内に売れば譲渡税がオトク！？

　相続により取得した財産を売却する場合に、相続税の申告期限後 3 年を経過する日までに売却した財産については、譲渡税が安くなる場合があります。

（4）分割の仕方次第で土地の評価が変わる！

　土地の評価は、所有かつ利用によって評価するので分割の仕方次第で評価額が安くなる場合もあります。（ただし、土地の有効活用が図られていないときに不合理分割の認定を受ける可能性があります。）

（ケース 1）

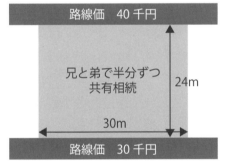

（ケース 2）

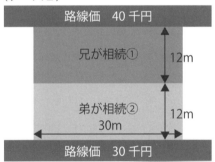

前提：二方路線影響加算率…0.02、普通住宅地区にある土地（自用地）

（ケース 1）の評価額

（40 千円 + 30 千円 × 0.02）× 24m × 30m = **29,232 千円**

（ケース 2）の評価額

① 兄取得の土地

　　40 千円 × 12m × 30m = 14,400 千円

② 弟取得の土地

　　30 千円 × 12m × 30m = 10,800 千円

③ ① + ② = **25,200 千円**

以上より、共有と分割とでは **4,032 千円**も差がでてきます！

（5）小規模宅地等の評価減を適用した土地は子供が相続しましょう

　小規模宅地は居住用で最大 330㎡、事業用で最大 400㎡まで 80%、貸付用で 200㎡ まで 50%の評価減を受けることができます。配偶者が相続財産の半分までは課税されないことを考慮すると、当該小規模宅地を配偶者が相続しても評価減の効果は半減してしまいます。よって小規模宅地等の評価減を適用できる子供が、その土地を相続するようにしましょう。

（6）売却予定の不動産は共有で相続しましょう

居住用財産を売却した場合には、譲渡益から 3,000 万円が控除される特例があります。例えば、母と息子の 2 人の共有名義で相続しかつ同居している自宅を売却したとします。この場合 3,000 万円控除を母・息子各々使うことができます。したがって、譲渡益は 2 人合わせて 6,000 万円までは非課税ということになります。

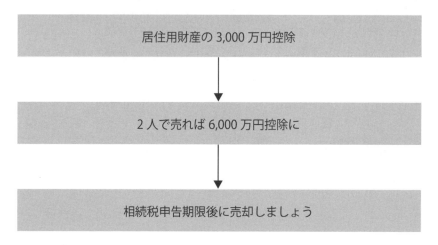

居住用財産の 3,000 万円控除

2 人で売れば 6,000 万円控除に

相続税申告期限後に売却しましょう

3 納税方法の検討

Point

現金納付ができない場合は、
相続税申告時に延納または物納の手続きをとりましょう！

（1）原則は金銭一括納付

　相続税の納税は、相続開始の日の翌日から10ヶ月以内に金銭で一括納付しなければなりません。しかし、現実には相続人が相続税に見合った現金を有している、もしくは相続財産に相続税を払えるだけの現金があるとは限りません。

　そこで、現金納付が困難な相続人のために、納税方法の例外として延納と物納の制度があります。

（2）延納は可処分所得で納付⇒負担は重い

　延納は、担保提供を条件として相続税の元金均等年払いにより行うことができます。相続財産に占める不動産の割合によって最長20年の年賦払いが可能です。しかし、利子税も払わなければなりません。

（3）物納

　相続税を納めることが延納によっても困難な場合は、一定の条件のもとに相続財産を現物で国に納付する物納により相続税を納付することができます。この物納財産は以下のように順位が決まっています。

第一順位：国債、地方債、不動産、船舶、上場株式等（※1）

第二順位：非上場株式等（※2）

第三順位：動産

（※1）上場株式等とは金融商品取引所に上場されている次の有価証券をいいます。
社債、株式、証券投資信託および貸付信託の受益証券　など
（※2）非上場株式等とは金融商品取引所に上場されていない次の有価証券をいいます。
社債、株式、証券投資信託および貸付信託の受益証券

（4）物納の要件

　物納により納付する場合は、以下のような要件を満たす必要があります。

①金銭納付が困難

　下記の式に当てはまる額を記入して、その額が相続税額よりも小さい場合は、金銭納付が困難と認められます。

納税義務者が納期限に保有する現預金等
－）　納税義務者とその親族の生活費×3ヶ月
－）　　　　事業継続に当面必要な運転資金

『算定金額』＜『相続税額』
なら金銭納付困難

②物納許可基準

　物納不適格として限定されている財産以外については、原則として物納が認められます。

　　管理処分不適格財産…管理又は処分するのに不適格な財産

　　物納劣後財産…他に物納適格財産がない場合に限り物納を認める財産

③物納申請書等を提出し、税務署長の許可を得ること

　物納しようとする相続税の納付期限までに、一定の必要事項を記載した物納申請書と物納手続関係書類を提出しなければなりません。

　しかし、遺産分割が決まっていないものや分割に争いのあるものは物納できません。さらに土地を物納する場合、基本的に家が建てられる土地でなければなりません。また土地の物納では隣地の方から境界確認の際に印を頂くこととなります。

（5）物納の手続

　まず、納期限又は納付すべき日（物納申請期限）までに物納申請書に「物納手続関係書類」を添付して提出する必要があります。ただし、物納申請期限までに物納手続関係書類を提出することができない場合は、「物納手続関係書類提出期限延長届出書」を提出することにより、１回につき３ヶ月を限度として、最長で１年まで物納手続関係書類の提出期限を延長することができます。また、提出した物納手続関係書類に書類に不備があったり、一部未提出があった場合にはその訂正や提出を書面により求められます。この期限も「物納手続関係書類補完期限延長届出書」を提出することにより、一回につき３ヶ月を限度として、上記の最長期間まで延長することができます。

（6）物納の許可等までの審査期間

　物納申請書が提出された場合には、税務署では、その物納申請に係る要件の調査結果に基づいて、物納申請期限から３ヶ月以内に許可又は却下を行います。

　なお、申請財産の状況によっては、許可又は却下までの期間を最長で９ヶ月まで延長する場合があります。

（7）物納を行う際のポイント

　物納を行う際のポイントは、下記のとおりです。

①物納条件が整っている場合どの財産を物納するか選ぶ権限は納税者にあること
②現金納付が困難かどうかの判断は各相続人ごとに行われること
③借入金と預金が両方ある場合には借入返済のための預金であるとして預金は無いものとして取り扱われること

（8）貸宅地の物納

　貸宅地は一般的に物納することができないと思われがちですが、管理処分不適格財産にも含まれておりませんので、物納することは可能です。その主な要件は、
①契約書があること
②底地を物納することに対して借地人の同意を得られること
③地代として固定資産税等相当額の２～３倍を得ていること
の３つです。

（9）延納 ⇔ 物納

　物納の申請は、金銭納付困難事由がないことを理由として却下された場合には、20 日以内に延納申請を行うことができます。また、延納中のものが延納による納付が困難となった場合には、申告期限から 10 年以内に限り、延納から物納に切り替えることが出来ます（平成 18 年 4 月 1 日以降開始相続分に限る）。この場合、物納財産の収納価額は、その物納にかかる申請時の価額で収納されます。

（10）物納手続きの流れ

物納制度では、短期間に物納の適否を判断しなければなりません。

⇨したがって、生前の準備が絶対的に必要となります。

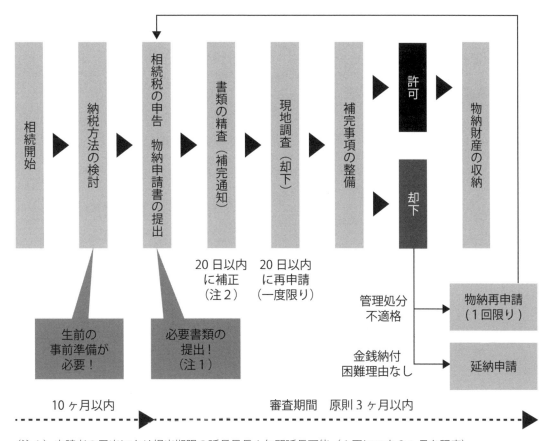

（注１）申請者の届出により提出期限の延長最長１年間延長可能（１回につき３ヶ月を限度）
（注２）申請者の届出により補正等の請求があった日から最長１年間延長可能（１回につき３ヶ月を限度）

①財産評価
②相続税の算出
③遺産分割
④物納財産の選定

※物納許可基準が明確になりました。
※延納から物納に変更が可能です。
　（申告期限から10年以内）
※延長した期間については利子税の納付が必要となります。

管理処分不適格財産【物納財産として許可が得られないもの】

不動産	
イ	担保権が設定・差押え・買戻しの特約等の処分の制限がされている
ロ	所有権・地上権・賃借権等について争いがある不動産
ハ	境界が明らかでない土地
ニ	隣接する不動産の所有者等との争訟によらなければ通常の使用ができないと見込まれる不動産
ホ	他の土地に囲まれて公道に通じない土地で通行権の内容が明確でないもの
ヘ	借地権の目的となっている土地で、当該借地権を有する者が不明である土地
ト	二以上の者の共有に属する不動産・がけ地・狭小地・著しい不整形地・私道に供されている土地・建物のみ（借地権なし）など
チ	耐用年数（所得税法の規定に基づいて定められている耐用年数をいう。）を経過している建物（通常の使用ができるものを除く。）
リ	敷金の返還に係る債務その他の債務を国が負担することとなる不動産
ヌ	有害物質に汚染されている不動産・廃棄物が埋まっており除去しなければ通常使用ができない不動産・農地等を転用の許可を得ずに転用している不動産
ル	風俗営業の用に供されている不動産・暴力団の事務所等に供されている不動産
ヲ	建物は既にないがこの建物の滅失登記がされていない不動産・上に廃棄物等がある不動産・生産緑地
株式	
イ	譲渡に関して、一般競争入札により売却することとした場合において、届出に関する書類・通知書・目論見書の提出がされる見込みのないもの
ロ	譲渡制限株式
ハ	質権その他の担保権の目的となっているもの
ニ	権利の帰属について争いがあるもの
ホ	共有に属するもの （共有者全員が当該株式について物納の許可を申請する場合を除きます。）

物納劣後財産【物納適格財産のうち適当な価額のものがない場合に許可されるもの】

イ	地上権、永小作権若しくは耕作を目的とする賃借権、地役権又は入会権が設定されている土地
ロ	法令の規定に違反して建築された建物及びその敷地
ハ	土地区画整理法による土地区画整理事業等の施行に係る土地につき仮換地又は一時利用地の指定がされていない土地 （当該指定後において使用又は収益をすることができない土地を含む。）
ニ	現に納税義務者の居住の用又は事業の用に供されている建物及びその敷地 （当該納税義務者が当該建物及びその敷地について物納の許可を申請する場合を除く。）
ホ	配偶者居住権の目的となっている建物およびその敷地
ヘ	劇場、工場、浴場その他の維持又は管理に特殊技能を要する建物及びこれらの敷地
ト	建築基準法第 43 条第 1 項に規定する道路に 2 メートル以上接していない土地
チ	都市計画法の規定による都道府県知事の許可を受けなければならない 開発行為をする場合において、当該開発行為が開発許可の基準に適合しないときにおける当該開発行為に係る土地
リ	都市計画法に規定する市街化区域以外の区域にある土地 （宅地として造成することができるものを除く。）
ヌ	農業振興地域の整備に関する法律の農業振興地域整備計画において農用地区域として定められた区域内の土地
ル	森林法の規定により保安林として指定された区域内の土地
ヲ	法令の規定により建物の建築をすることができない土地 （建物の建築をすることができる面積が著しく狭くなる土地を含む。）
ワ	過去に生じた事件又は事故その他の事情により、正常な取引が行われないおそれがある不動産及びこれに隣接する不動産
カ	事業の休止（一時的な休止を除く。）をしている法人に係る株式

4 税務調査は どう行われるの？

Point

目的は名義預金・名義株券の探索です。
きちんと整理しておきましょう。

（1）税務調査の時期

　相続税の税務調査は、通常申告書を提出した日の翌年9月から12月までに行われます。税務署では、過去の確定申告書（特に譲渡所得）、大口のお金の流れ等を入念に事前調査をした後に、納税者のもとに実地調査にやってきます。

（2）調査対象の選定基準

①申告書に誤りがある、資料等に不備がある場合
②生前所得から推定して相続財産が少ない場合
③家族名義の資産の申告がされていない場合
④課税価格が3億円超の場合
⑤相続人の財産が異常に多い場合

（3）調査項目

　メインは申告書記載の財産の確認ではなく、それ以外の財産を見つけることです。

①被相続人および相続人の過去 5 年分の預金通帳から家族に預金が混ざっていないかどうかのチェックをします

②無記名債券がないかどうかを金融機関に問い合わせをして、真の所有者が誰なのかをチェックします

③自宅の金庫、銀行の貸金庫の中をチェックします

④手帳・ノート・金融機関等のハガキ等から、隠れ財産がないかどうかをチェックします

（4）修正申告の付帯税

①過少申告加算税 10%（期限内申告税額と 50 万円のいずれか多い金額を超える増差税額については 15%）

②重加算税 35%（無申告の場合 40%）・・仮装隠ぺいに該当する財産については、上記過少申告加算税に代えて重加算税が適用されます

③延滞税…納期限の翌日から 2 ヶ月を経過する日まで：年 2.4% ※

　　　　（特例基準割合 +1%）

　　　　納期限の翌日から 2 ヶ月を経過した日以後：年 8.7% ※

　　　　（特例基準割合 +7.3%）

　　　　※ 2023 年 1 月 1 日〜 2023 年 12 月 31 日分

（5）調査で問題とならないための申告チェックリスト

	税務署チェック項目	チェック欄
①	先代名義の不動産の申告漏れはないか	☐
②	共有不動産の申告漏れはないか	☐
③	別荘等、遠方の不動産の申告漏れはないか	☐
④	借地に建物を建てている場合の借地権の申告漏れはないか	☐
⑤	無記名債券の申告漏れはないか 注）調査で明らかとなった場合には、重加算税の対象となり、配偶者の税額軽減の対象にはならないので注意が必要です。	☐
⑥	家族名義の有価証券の申告漏れはないか （ex. 専業主婦である妻名義の有価証券が数千万円ある場合）	☐
⑦	取引相場のない株式・出資金の申告漏れはないか （ex. 親戚・知人が経営する法人の株式・出資金）	☐
⑧	配当金の支払通知がきている銘柄はすべて申告しているか	☐
⑨	タンス株の申告漏れはないか	☐
⑩	家族名義の預金の申告漏れはないか （ex. 孫に贈与した預金でも、通帳・印鑑とも被相続人が管理し、孫が預金を使用した形跡がない場合などは、名義預金と認定されます。）	☐
⑪	共有名義の賃貸物件の収入・経費が混在していないか	☐
⑫	同族法人への貸付金・未収入金等の申告漏れはないか	☐
⑬	郵便局の預金の申告漏れはないか（特に、証書形式の定額貯金）	☐
⑭	相続開始直前の引出額の申告漏れはないか （ex. 預金凍結直前に入院費、葬式費用等に充当するため引出した額）	☐
⑮	契約者が相続人であるにもかかわらず、被相続人が実際には保険料を負担していた保険契約の申告漏れはないか	☐
⑯	農協と取引がある場合、建物更生共済契約の申告漏れはないか	☐
⑰	自動車の申告漏れはないか	☐
⑱	相続財産に加算すべき生前贈与の申告漏れはないか	☐

所得金額が 2,000 万円を超え一定額以上の財産を保有する場合の調書制度

（1）財産債務調書制度

　財産債務調書制度とは、所得金額が 2,000 万円を超え、かつ、その年の 12 月 31 日に 3 億円以上の財産または 1 億円以上の国外転出特例対象財産を保有している方が、その翌年 6 月 30 日までに財産債務調書を税務署へ提出するというものです。

　また、令和 5 年分以後は上記のほか、10 億円以上の財産を有する方もこの制度の対象となります。

　この制度の概要は下記のとおりとなります。

【提出義務者】	A.①及び②を満たす方 　①所得金額 2,000 万円を超える 　②その年の 12 月 31 日において、3 億円以上の財産または 　　1 億円以上の国外転出特例対象財産 　　（例：有価証券、未決済信用取引）を有する方 B. その年の 12 月 31 日において、 　10 億円以上の財産を有する方
【対象物】	財産及び債務（国外に所在するものも含みます）
【記載事項】	財産の種類、数量、価格、所在及び債務の金額等 （注）価格はその年の 12 月 31 日の「時価」または「見積価格」
【提出時期・提出先】	その年の翌年 6 月 30 日までに、税務署に提出します。 （注）2022 年以前の財産債務調書については、その翌年の 3 月 15 日まで

（2）過少申告加算税等の特例

　財産債務調書制度では過少申告加算税等の特例が定められており、財産債務調書を期限内に提出した場合には、申告漏れや無申告があった際に加算税が軽減され、反対に提出がない場合には負担が増加します。

　具体的には、財産債務調書に記載がある財産又は債務について、所得税や相続税の申告漏れや無申告があったときには、過少申告加算税または無申告加算税が5%軽減されます。逆に財産債務調書の提出がない場合や記載漏れがあった場合に、その財産債務について所得税の申告漏れがあった場合には過少申告加算税等が5%加重されます。この5%加重については、相続税は対象外となります。

6 国外に 5,000 万円超の 財産を保有する場合の 調書制度

（1）国外財産調書制度の創設

　国外財産調書制度とは、その年 12 月 31 日に 5,000 万円超の国外財産を持つ居住者について、その翌年 6 月 30 日までに国外財産調書を提出するというものです。この制度の概要は下記のとおりとなります。

【提出義務者】	その年の 12 月 31 日において 5 千万円を超える国外財産を保有する居住者。
【国外財産の範囲】	土地、建物、現預金、有価証券（株式、公社債、投資信託等）など
【記載事項】	国外財産の種類、数量、価額、その他必要な事項。 （注）財産の評価は原則「時価」となります。しかし、「見積価額」とすることができます。
【提出時期・提出先】	その年の翌年 6 月 30 日までに、税務署に提出することとなります。 （注）2022 年以前については、その翌年の 3 月 15 日まで
【財産債務調書との関係】	国外財産調書に記載した国外財産については、財産債務調書への記載は必要ありません。
【罰則】	国外財産調書の不提出・虚偽記載があった場合、法定刑は、1 年以下の懲役又は 50 万円以下の罰金とし、併せて情状免除規定を設けることとします。

　この制度では、もし不提出や虚偽の記載があった場合に罰則があることに特徴があります。

（2）過少申告加算税等の特例

　国外財産調書制度とあわせて過少申告加算税等の特例も創設されました。これは国外財産から生じる所得税や相続税について、申告漏れや無申告があったときに、国外財産調書にその申告漏れ等の国外財産の記載があるときは加算税が軽減され、ないときは負担が増加するという内容です。

　具体的には、国外財産調書に申告漏れ等の所得税や相続税にかかる国外財産の記載があるときは、過少申告加算税または無申告加算税が 5％軽減され、逆に申告漏れ等の所得税や相続税にかかる国外財産の記載がないときは、5％負担が増加することになります。

7 国外転出をする場合の譲渡所得等の特例（出国税）

（1）出国税の概要

　出国税とは、1億円以上の有価証券等を所有する日本の居住者が、国外転出する場合（2015年7月1日以降）にその有価証券等を実際に売却しない場合であっても、国外転出の時に譲渡したものとみなし、その有価証券等の含み益に対し課税する税のことをいいます。

【対象者】	国外転出をする居住者 （次の要件のすべてを満たすものに限る。）
【要件】	①有価証券等、未決済デリバティブ取引等の合計額が1億円以上 ②国外転出の日前10年以内に国内に住所又は居所を有していた期間の合計が5年超
【対象資産】	①有価証券等（自社株などを含む。） ②未決済デリバティブ取引等
【譲渡したものとみなされる額】	国外転出予定日の3月前の日における金額 ※納税管理人の届出をした場合には、国外転出時における金額
【更正の請求】	対象資産を保有したまま5年以内に帰国した場合、更正の請求をすることにより課税を取り消すことができます。

<参考～国外転出後 5 年以内に帰国した場合～>

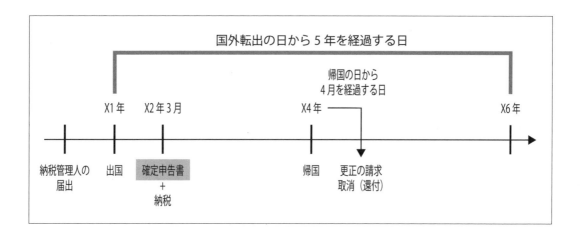

　なお、国外転出の時までに「納税管理人の届出書」を提出した場合、一定の要件の下、国外転出時課税に係る所得税について、納税猶予制度が設けられています。

（2）相続税・贈与税との関係

①相続があった場合の取り扱い

　被相続人が 1 億円以上の有価証券等を有していた場合で、相続人の中に非居住者がいるときには、その非居住者が取得する有価証券等の含み益について出国税が課税されることとなります。この場合の出国税については被相続人の債務として債務控除の対象となります。

　また被相続人の所得税の準確定申告の申告期限は、相続開始日から 4 カ月となっており、この時点までに遺産分割協議が確定していない場合には、法定相続分で取得したものとみなして計算されてしまいますので、相続人の中に非居住者がいる場合はご注意下さい。対応策としては、生前に遺言を書くことが考えられます。

　また有価証券等には自社株等の非上場株式等も含まれます。

＜参考＞

被相続人：1 億円の有価証券等を保有

相続人：配偶者と子 1 人のみ（子は非居住者）

　準確定申告期限までに未分割の場合には、有価証券等のうち子の法定相続分（1 億円× 1/2 ＝ 5,000 万円）について、出国税課税の対象となります。

②贈与があった場合の取り扱い

　非居住者に対しての贈与があった場合には、贈与があった有価証券等の含み益について出国税が課税されることとなります。

　この場合には、贈与者が所得税を納税し、受贈者が贈与税を納税することとなります。

（3）納税猶予

　5 年以内の一時的な出国や出国時における納税資金が不十分であることを勘案し、納税猶予が選択できます。

【対象者】	国外転出をする場合の譲渡所得の特例の適用を受けた者
【対象所得】	国外転出の日の属する年分の所得税のうち本特例による所得に係る部分
【納税猶予期限】	国外転出の日から 5 年を経過する日（同日前に帰国する場合は、帰国の日から 4 月を経過する日とのいずれか早い日）
【要件】	①国外転出時までに納税管理人の届出を行う ②国外転出の日の属する年分の確定申告書に納税猶予を受けようとする旨の記載をする。 ③国外転出の日の属する年分の確定申告書の提出期限までに、納税猶予分の所得税額に相当する担保を提供する。
【各年の届出】	納税猶予期限までの各年の 12 月 31 日（基準日）における納税猶予に係る届出書を基準日の属する年の翌年 3 月 15 日までに税務署長に提出しなければならない。 提出しなかった場合には、その提出期限の翌日から 4 月を経過する日を納税猶予期限とする。
【猶予期限の延長】	納税猶予期限は、申請により「国外転出の日から 10 年を経過する日」まで延長できる。
【利子税の負担】	納税猶予の期限到来により所得税を納付する場合は納税猶予期間に係る利子税を納付する義務が生じる。
【外国税額控除】	実際の譲渡等により国外で課税された場合、外国所得税を納付することとなった日から 4 月を経過する日までに更正の請求をすることによって、外国税額控除が適用できる。

＜参考〜納税猶予〜＞

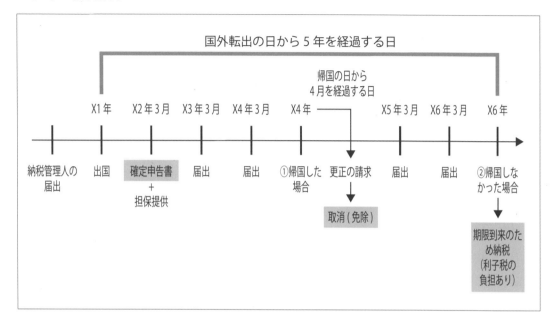

第 3 章

相続開始後
スケジュール

1 相続税申告 スケジュール早見表

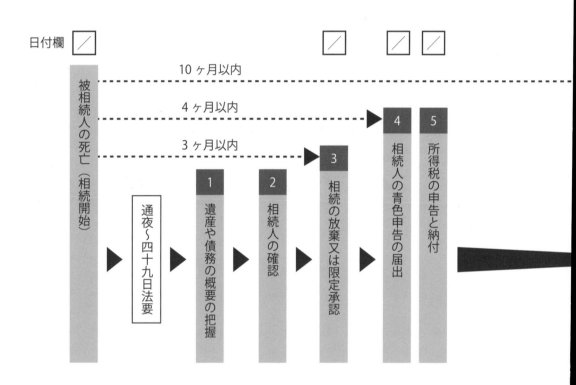

日付欄 ☐/ ☐/ ☐/ ☐/

10ヶ月以内

4ヶ月以内

3ヶ月以内

被相続人の死亡（相続開始）

通夜〜四十九日法要

1 遺産や債務の概要の把握

2 相続人の確認

3 相続の放棄又は限定承認

4 相続人の青色申告の届出

5 所得税の申告と納付

| 1 | 遺産の概要を把握し、相続を放棄するかどうか決めます。 | 2 | 被相続人と相続人の本籍地から戸籍謄本を取り寄せます。 |
| 3 | 相続の放棄又は限定承認をする場合には、その旨を家庭裁判所に申述します。 | 4 | 被相続人の事業を引継ぐ場合には、相続人が新たに青色申告の届出をする必要があります。 |

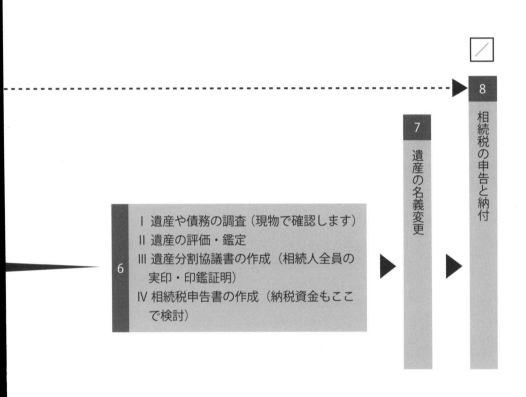

8 相続税の申告と納付

7 遺産の名義変更

6
I 遺産や債務の調査（現物で確認します）
II 遺産の評価・鑑定
III 遺産分割協議書の作成（相続人全員の実印・印鑑証明）
IV 相続税申告書の作成（納税資金もここで検討）

5 被相続人の死亡した日までの所得を申告します。

6 遺産を評価し、遺産分割を行い、それをもとに相続税申告書を作成します。

7 遺産分割協議書のとおり遺産の名義を順次変更していきます。

8 相続税申告書を所轄税務署に提出し、かつ納税を済ませます。

2 相続の放棄又は 限定承認は３ヶ月以内に！

　相続が発生しましたら、相続人は相続するか（承認）しないか（放棄）を３ヶ月以内に決めなければなりません。

　ただし、３ヶ月では決められないという場合には、家庭裁判所に申し立てると延長することができます。

区分			内容	注意点
相続人の意思表示	相続の承認	単純承認	債務を含むすべての相続財産を引き継ぐ	下の①〜③に当てはまる場合、単純承認とみなされます。 ① ３ヶ月以内に限定承認又は放棄をしなかった場合 ② 相続人が財産の全部又は一部を処分した場合 ③ 限定承認・放棄をした場合でも、財産を隠したり、消費したり、財産があることを知っているのに財産目録に記載しなかった場合
		限定承認	引き継ぐプラスの財産の分だけ、マイナスの財産（債務）も引き継ぐ	○ 財産目録を作成し、限定承認する旨を家庭裁判所に申述しなければなりません。 ○ 相続人が複数いる場合は、限定承認は相続人全員が共同して行う必要があります。
	相続の放棄		プラスの財産及びマイナスの財産（債務）のすべてを放棄する	○ はじめから相続人でなかったものとみなされます。 ⇒相続順位が変わり相続人が変更となる場合があります。 ○ 相続を放棄する旨を家庭裁判所に申述しなければなりません。

3 相続人の青色申告の届出は通常4ヶ月以内に！

　被相続人の業務を相続人が承継して青色申告をする場合は、下記の表の提出期限までに、青色申告承認申請書を提出しなければなりません。

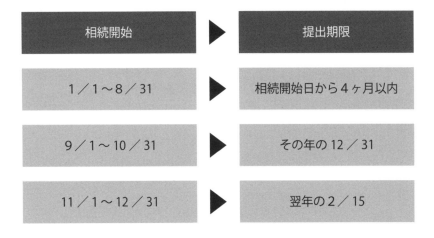

相続開始		提出期限
1／1～8／31	▶	相続開始日から4ヶ月以内
9／1～10／31	▶	その年の12／31
11／1～12／31	▶	翌年の2／15

　青色申告の特典には主に次のようなものがあります。

①青色申告特別控除（65万円、55万円、10万円）
②青色事業専従者給与・・青色申告者の経営する事業に専業する生計一の親族に対する給与を経費に算入できます。
③純損失を翌年以後3年間にわたって、各年分の所得から差し引くことができます。

# 被相続人の
所得税の準確定申告は
4ヶ月以内に！

　被相続人の1／1から亡くなった日までの所得に対して、所得税の確定申告を行います。申告期限は、亡くなった日から4ヶ月以内です。

　なお、1月1日から確定申告期限までの間に確定申告書を提出しないで死亡した場合であっても、申告期限は3月15日ではなく、亡くなった日から4ヶ月以内となります。

　納めた所得税は債務控除の対象になり、還付の場合は相続財産となります。

 相続税の申告・納税は 10 ヶ月以内に！

相続税の申告期限は相続開始後 10 ヶ月以内となっています。

申告期限までにやらなければならないことは下記のとおりです。

①相続税申告書を所轄税務署に提出するとともに納税をします。

②金銭納付が困難な場合には、延納申請又は物納申請をします。

※延納申請書及び物納申請書は、相続税申告書と同時に申告期限内に提出します。

第4章

相続と消費税

1 消費税申告スケジュール早見表

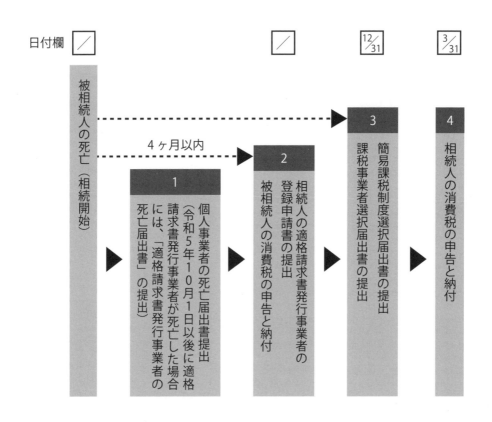

日付欄 ⬜／   ⬜／   ⬜12/31   ⬜3/31

被相続人の死亡（相続開始）

4ヶ月以内

1 個人事業者の死亡届出書提出（令和5年10月1日以後に適格請求書発行事業者が死亡した場合には、「適格請求書発行事業者の死亡届出書」の提出）

2 相続人の適格請求書発行事業者の登録申請書の提出／被相続人の消費税の申告と納付

3 簡易課税制度選択届出書の提出／課税事業者選択届出書の提出

4 相続人の消費税の申告と納付

---

1 個人事業者の死亡届出書（令和5年10月1日以後に適格請求書発行事業者が死亡した場合には、「適格請求書発行事業者の死亡届出書」）を速やかに、提出します。

2 被相続人が死亡した日までの消費税の申告及び納付をします。また、相続により被相続人の事業を引き継いだ場合、相続人が新たに適格請求書発行事業者の登録申請をしなければ、登録は失効となります。

3 相続により被相続人の事業を引き継いだ場合、相続人が新たに届出をしなければこれらの適用は受けられません。

4 納税義務の判定が通常と異なりますので注意が必要です。

 被相続人の
消費税の申告と届出

Point

相続があった場合、被相続人に消費税の納税義務があるときは、

相続人が被相続人に代わって

消費税の確定申告（準確定申告）を行います。

（1）被相続人の納税義務の判定

　被相続人の相続があった年の前々年の課税売上高が 1,000 万円を超える場合には、相続があった年の 1 月 1 日から相続があった日までの期間の消費税について納税義務があります。

（2）相続があった場合の消費税の届出

　個人事業者（免税事業者を除きます）が死亡した場合には、その個人事業者の相続人は、速やかに、『個人事業者の死亡届出書』（令和 5 年 10 月 1 日以後に適格請求書発行事業者が死亡した場合には、『適格請求書発行事業者の死亡届出書』）を税務署に提出しなければなりません。

（3）申告書の提出期限

　被相続人に消費税の納税義務がある場合には、相続人は相続があったことを知った日の翌日から 4 ヶ月以内に確定申告書（準確定申告書）を提出しなければなりません。

　この際、『死亡した事業者の消費税及び地方消費税の確定申告明細書』を確定申告書（準確定申告書）に添付して提出します。

（4）適格請求書発行事業者の登録

　令和 5 年 10 月 1 日以後に適格請求書発行事業者が死亡し、相続により被相続人の事業を引き継いだ場合、相続人が適格請求書発行事業者の登録を受けるためには、新たに登録申請をしなければなりません。

　相続人が『適格請求書発行事業者の死亡届出書』を提出した日の翌日、又は、死亡日の翌日から 4 月を経過した日のいずれか早い日に、被相続人の登録は失効となります。

　相続のあった日の翌日から、相続人が登録を受けた日の前日、又は、死亡日の翌日から 4 月を経過する日のいずれか早い日までの間については、相続人を適格請求者発行事業者とみなす特例があり、その間は被相続人の登録番号が相続人の登録番号とみなされます。

3 相続人の消費税の納税義務判定

Point

相続があった場合、
相続人の納税義務の判定には特例があります。

（1）納税義務の原則

消費税の納税義務の判定は、原則としてその年の前々年の課税売上高が 1,000 万円を超えるか否かで判定します。

（2）相続があった場合の納税義務の免除の特例

上記（1）の判定で課税売上高が 1,000 万円以下の場合でも、次の要件を満たすときは消費税の納税義務者となります。

①その年に相続があった場合

その年の前々年の被相続人の課税売上高が 1,000 万円を超える場合には、その相続人は相続があった日の翌日より消費税の納税義務者となります。

②前年又は前々年に相続があった場合

その年の前々年の相続人の課税売上高と被相続人の課税売上高の合計額が 1,000 万円を超える場合には、その相続人は消費税の納税義務者となります。

（3）財産が未分割の場合

財産が未分割の場合には、前々年の被相続人の課税売上高は、各相続人の法定相続分に応じた割合を乗じて計算した金額となります。

（4）相続人の納税義務判定のフローチャート

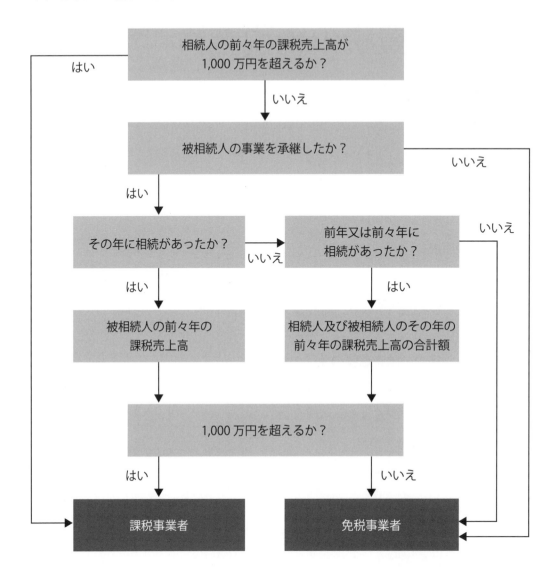

4 納税義務判定の具体例

Point

下記の具体例で相続があった場合における相続人の
X2年分の消費税の納税義務は以下のように判定されます。

（1）X2年において相続があった場合

①各年の相続人・被相続人の課税売上高

	X0年	X1年	X2年
相 続 人	500 万円	700 万円	1,100 万円
被相続人	1,300 万円	1,200 万円	800 万円

②納税義務の判定

（イ）相続人のX0年分の課税売上高が 500 万円で 1,000 万円以下のため（ロ）の
判定へ。

（ロ）被相続人のX0年分の課税売上高が 1,300 万円で 1,000 万円を超えるため相
続開始後については納税義務あり。

（2）Ｘ０年又はＸ１年において相続があった場合

①各年の相続人・被相続人の課税売上高

	Ｘ０年	Ｘ１年	Ｘ２年
相続人	500万円	700万円	1,100万円
被相続人	1,300万円	1,200万円	———

②納税義務の判定

（イ）相続人のＸ０年分の課税売上高が500万円で1,000万円以下のため（ロ）の判定へ。

（ロ）相続人のＸ０年分の課税売上高と被相続人のＸ０年分の課税売上高の合計額が1,800万円で1,000万円を超えるため納税義務あり。

相続人の消費税の届出

Point

相続によって被相続人の事業を承継した相続人が
簡易課税制度や課税事業者の適用を受ける場合の
選択の届出については提出期限の特例があります!

(1) 提出期限の原則

　消費税の「課税事業者」や「簡易課税制度」の選択の届出書は、適用しようとする年の前年末日（12 月 31 日）が提出期限となります。

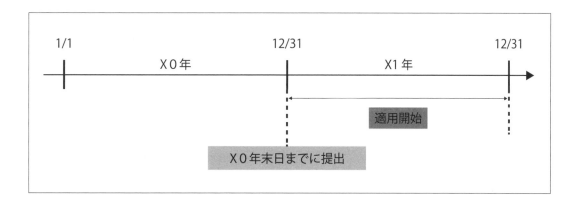

ただし、適用しようとする年が事業を開始した年の場合には、その年の末日が提出期限となります。

　したがって相続により初めて事業を開始した場合も、通常の事業開始と同様に事業を開始した年（相続開始の年）の末日までに提出すれば、相続開始の年またはその翌年から適用を受けることができます。

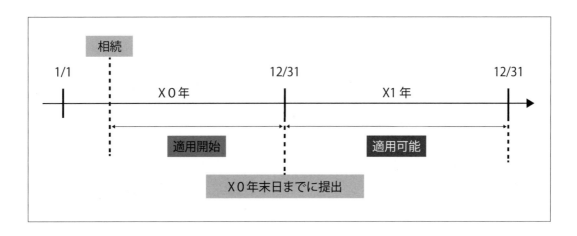

（2）相続があった場合の提出期限の特例

　相続があった場合、たとえ相続人が被相続人の事業を承継した場合でも「課税事業者選択届出書」や「簡易課税制度選択届出書」などの届出書の効力は承継されませんので注意が必要です。

　したがって相続人は新たに届出書を提出し適用を受けなければなりません。

①課税事業者を選択していた被相続人の事業を免税事業者の相続人が承継したケース

　免税事業者である相続人が課税事業者である被相続人の事業を承継した場合、相続開始の年の末日までに「課税事業者選択届出書」を提出すれば、相続開始の年から課税事業者を選択することができます。

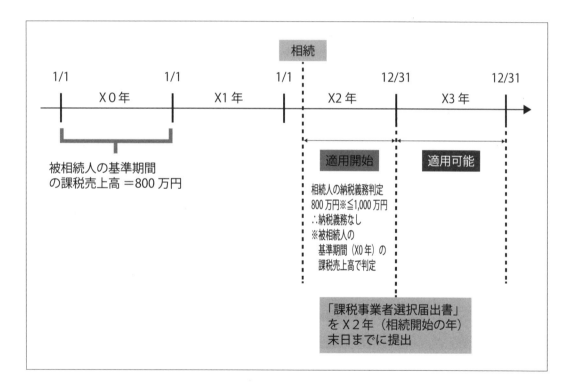

②簡易課税を選択していた被相続人の事業を課税事業者の相続人が承継したケース

　事業を営んでいない相続人が簡易課税制度を選択していた被相続人の事業を承継した場合、相続開始の年の末日までに「簡易課税制度選択届出書」を提出すれば、相続開始の年から簡易課税制度を選択することができます。

　ただし、もともと基準期間における課税売上高が1,000万円を超えている相続人が被相続人の事業を承継した場合には、相続開始の年の翌年から簡易課税制度を選択することができることとなります。

　なお、相続人が簡易課税制度を選択できるかどうかの判定は、相続人の基準期間における課税売上高で判定します。

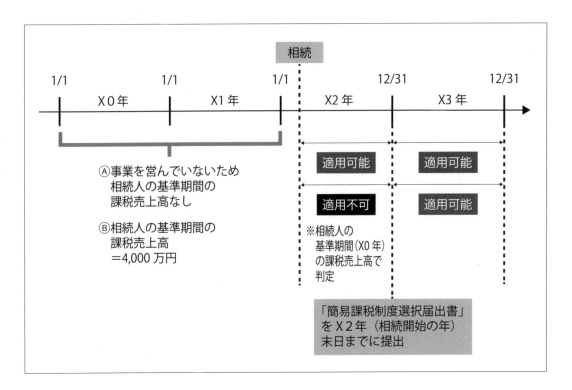

③やむを得ない事情があるケース

　上記のとおり、相続があった場合の課税事業者や簡易課税制度の選択の届出書は、相続開始の年の末日までに提出すれば相続開始の年から適用を受けることができます。しかし、例えば12月中に相続が開始した場合などのやむを得ない事情により相続開始の年中に提出できなかった場合には、特例承認申請書を2月末までに提出すれば相続開始の年から適用を受けることができます。

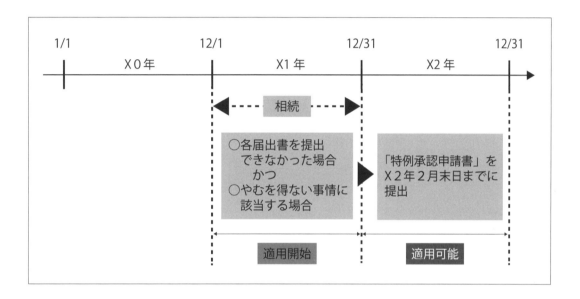

＜参考＞相続の場合のやむを得ない事情

　その年の末日前おおむね1月以内に相続があったことにより、その相続に係る相続人が新たに「課税事業者選択届出書」を提出できる個人事業者となった場合をいいます。

第 **5** 章

遺産分割の留意点

1 遺産分割の方法は 4パターンあり！

Point

遺産が確定したら、相続人全員で遺産分割協議を行い、

遺産分割協議書に署名捺印をします。

遺産分割協議書ができたら、相続した財産の名義変更をおこないます。

分割には下記の4つの方法があります。

特に預金に関しては、
相続税の納税資金に充てる場合は、
相続税の申告期限以前に名義を
変更しておく必要があります。

（1）現物分割

　遺産分割の一般的な方法で、遺産をそのまま現物で相続人ごとに分ける方法です。

（2）代償分割

　相続人の一人が、遺産を取得した代償として、他の相続人に金銭その他の財産を与える分割方法です。

　例えば、相続財産が土地Ａ（4千万円）しかない場合、長男が土地Ａを相続し、二男Ｂには長男から現金2千万円を支払うといった方法です。

（3）換価分割

　遺産を売却して換金し、その換金した金銭を相続人で分ける方法です。

　例えば、相続財産が土地Ａ（4千万円）しかない場合、長男と次男がこれを売却し、現金2千万円ずつを手にするという方法です。

　ただし、遺産売却時に譲渡益が発生する場合には、相続人全員に譲渡所得税が発生します。

（4）共有分割

　一つの遺産を、2人以上の相続人の共有持分で所有する方法です。例えば、相続財産が土地Ａ（4千万円）しかない場合、長男と次男の2人が共有で所有するという方法です。

遺産分割は
相続税申告期限内に
まとめましょう！

Point

遺産分割には期限はありませんが、

相続税の申告期限（相続開始日から10ヶ月）以内に

遺産分割がまとまらない場合には、

次の税務上のメリットが受けられません。

そしてそのために一時的に多額の納税資金が必要となります。

（1）配偶者の税額軽減

　配偶者が相続財産のうち法定相続分（1/2）もしくは正味財産額1億6,000万円まで相続財産を取得した場合には、その配偶者について相続税はかかりません。

　ただし、仮装隠ぺいによって申告しなかった財産等につき後日、税務調査により修正申告することとなった場合には、その仮装隠ぺいされた財産については適用がありませんのでご注意下さい。

（2）小規模宅地等の減額

　事業の用もしくは居住の用に供している宅地等を相続した場合、一定の面積（小規模宅地等）については、通常の方法で評価した価額から、次に掲げる面積について以下の減額割合を乗じて計算した金額を評価減として控除できます。

①特定事業用宅地等および特定同族会社事業用宅地等…400㎡まで80%

②特定居住用宅地等……………………………………………330㎡まで80%

③貸付事業用宅地等……………………………………………200㎡まで50%

（3）非上場株式等の納税猶予制度

（2018 年度税制改正により創設された新事業承継税制を前提とします。）

　後継者である相続人等が、都道府県知事の認定を受ける非上場株式等を相続又は遺贈によって取得し、その会社を経営していく場合には、一定の条件の下に、その後継者が納付すべき相続税のうち、その非上場株式等の全てに係る課税価格の 100% の部分について納税が猶予されます。

　その後、次の①②のいずれかに該当した日に納税が免除されます。

①後継者である相続人等が死亡した場合

②申告期限後 5 年経過後に、後継者である相続人等が次の後継者へその非上場株式等につき贈与税の納税猶予の適用に係る贈与をした場合

（4）農地等の納税猶予制度

　農業相続人が、農地を相続によって取得し、農業を継続する場合には、一定の条件の下に、その農地に係る相続税額のうち、農業投資価格を課税価格とみなして計算した税額を超える部分について納税が猶予されます。

　その後、次の①〜③のいずれかに該当した日に納税が免除されます。

①農業相続人が死亡した場合

②農地の全部を農業後継者に一括生前贈与し、その贈与税について納税猶予の特例を受ける場合

③平成 3 年（1991 年）1 月 1 日において、三大都市圏の特定市以外の区域内に所在する市街化区域内農地等について申告期限後 20 年間農業を継続した場合

　（1）（2）については、申告期限後に遺産分割が成立した場合には一定の要件の下、遡って適用を受けることが可能です。

『配偶者居住権』と『配偶者居住権』を利用した新しい遺産分割の方法

Point

高齢化社会の進展や家族の在り方に関する
国民意識の変化などに鑑み、
配偶者の死亡により残された他方配偶者の居住権を保護する
必要性の高まりを受け、
約40年ぶりに民法（相続法）が改正されました。
大きく二つ、「配偶者居住権の創設」および
「配偶者が自宅を遺贈または贈与された場合の遺産分割にかかる改正」
についてご説明します。

（1）配偶者居住権創設の趣旨

　自宅という分けられない財産を、居住権と負担付所有権という二つの権利に分けることで、残された配偶者は、長年住みなれた自宅に住み続けつつ、老後の生活費も取得することが可能となります。

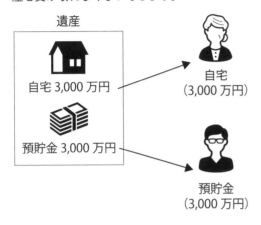

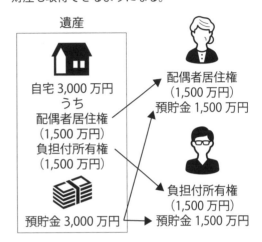

（2）配偶者短期居住権・配偶者居住権とは

①概要

　配偶者が相続開始時に居住していた被相続人所有の建物を対象として、相続開始後の一定期間又は終身、配偶者に建物の使用を認めることを内容とする法定の権利として、配偶者短期居住権・配偶者居住権が新設されました。

②配偶者短期居住権（一定期間）

　配偶者は、相続開始時に被相続人の建物に無償で居住していた場合には、以下の期間、その居住していた建物（以下、「居住建物」）の所有権を相続又は遺贈により取得した者に対し、居住建物について無償で使用する権利を有することとされます。

　・遺言がない場合

　　遺産分割協議が整ってから6ヶ月間

　・遺言がある場合

　　居住建物が配偶者以外の者に遺贈された場合等には、居住建物の所有者となった者から「出て行ってほしい」旨の請求を受けてから6ヶ月

③配偶者居住権（終身）

　被相続人の配偶者は、被相続人の財産に属した建物に相続開始の時に居住していた場合において、次の①又は②のいずれかに該当するときは、居住建物の全部について

無償で使用及び収益する権利（以下、「配偶者居住権」という）を取得することとされます。ただし、被相続人が相続開始の時に居住建物を配偶者以外の者と共有していた場合にあっては、この限りではないものとされます。

- ・遺言がない場合

  遺産の分割によって、配偶者が配偶者居住権を取得するものとされたとき

- ・遺言がある場合

  遺言において、配偶者に配偶者居住権を相続させるものとされていた場合

④配偶者居住権の存続期間

　配偶者居住権の存続期間は、配偶者の終身の間とされます。ただし、遺産分割協議または遺言に別段の定めがあるときなどは、その定めるところによることとなります。

⑤配偶者居住権の消滅事由

　配偶者が死亡したとき、または別段の定めの期間が経過したときに配偶者居住権は消滅します。

　配偶者居住権は一身専属的なものですから、配偶者の死亡や定めた期間の経過と共に「消滅する」つまり消えてなくなる、というわけです。

⑥配偶者居住権の登記

　居住建物の所有者は、配偶者に対し、配偶者居住権の設定の登記を備えさせる義務を負います。

　つまり、配偶者居住権は登記されますから、居住建物について物権を取得した者その他の第三者に対抗することが可能となります。

⑦配偶者居住権の評価

　配偶者居住権については、配偶者短期居住権とは異なり、この財産価値を評価し、配偶者が相続により取得したものとして扱うこととなります。財産評価額は、法定利率による複利現価率を用いて、配偶者の平均余命経過後の居住建物の価値を割り戻して算定します。

⑧適用時期

　2020 年 4 月 1 日以降に開始した相続から適用となります。

（3）配偶者が自宅を遺贈または贈与された場合における遺産分割にかかる改正

①概要

　配偶者居住権の創設と同様、こちらも残された配偶者の生活保障のために改正されました。

　婚姻期間が 20 年以上の夫婦の一方である被相続人が、他の一方に対し、その居住の用に供する建物又はその敷地（配偶者居住権を含む）について、遺言により相続させる場合又は生前に贈与をしたときは、遺産分割をする際の計算基礎に入れないこととなりました。

②改正の趣旨

　遺言や生前贈与により、配偶者が自宅を取得した場合には、従来は「特別受益」として遺産分割の際の計算基礎に持ち戻して、各相続人の相続分を算定していました。

　しかし、遺贈または生前贈与された自宅をこの計算基礎から外すことにより、たとえ子供が法定相続分まで権利を主張しても、残された配偶者に自宅と老後資金を残すことが可能となりました。

<例>　相続人：妻　及び　子１人

　　　遺　産：自宅（6,000 万円）及び預貯金（6,000 万円）

　　　夫が遺言で妻に自宅（6,000 万円）を遺贈した場合

現行制度	制度導入後
〈持ち戻し計算適用〉	〈持ち戻し計算不適用〉

自宅のみ!!

妻の相続分
（預貯金 6,000 万円＋**自宅 6,000 万円**）
×1/2−**自宅 6,000 万円**＝0 万円

子の相続分
預貯金 6,000 万円

自宅＋預貯金 3,000 万円

妻の相続分
預貯金 6,000 万円 ×1/2
＝預貯金 3,000 万円

子の相続分
預貯金 3,000 万円

③適用時期

2019 年 7 月 1 日以降に行われた遺贈または贈与から適用となります。

（4）今後の相続対策

　残される配偶者の老後の生活のためを考慮し、生前贈与も含め、遺言を書くなどの生前の積極的な意思表示の重要性がより一層高まっています。

4 配偶者の税額軽減を最大限に活用しよう!

Point

配偶者に対して相続税は優遇されています。

ご主人の財産の形成に半分貢献したとみることから、

一般的に相続財産の 1/2（法定相続分）相当額については

課税されません。

(1) 配偶者の相続は法定相続分まで税額ゼロ

　配偶者が相続財産のうち法定相続分もしくは正味財産額 1 億 6,000 万円まで相続財産を取得した場合には、その配偶者について相続税はかかりません。

　例えば、家族構成が夫・妻・子供である場合に夫が死亡したとすると、妻の法定相続分は 1/2 となり、妻は相続財産の 1/2 まで相続しても納付税額はゼロです。

(2) 相続財産が未分割の場合

　配偶者の税額軽減が受けられる財産は、原則として、相続税の申告期限までに遺産分割などにより現に配偶者が取得したものに限られます。ただし、申告期限までに遺産分割が行われなかった場合であっても、申告期限から原則として 3 年以内に分割された場合には遡って適用を受けることができます。

(3) 仮装隠ぺいは×

　相続財産の一部または全部を、仮装隠ぺいにより申告または申告していなかった場合に、後日税務調査でその事実が発覚し修正申告または期限後申告をすることとなった場合には、その仮装隠ぺいされていた財産については配偶者の税額軽減の適用はありません。

5 小規模宅地等の減額

Point

特定居住用に該当すれば、

生活するために最低限必要なスペースとして 330 ㎡までは、

配偶者のその後の生活や、同居をしていた子供たちのため、

土地の評価額が 80%安くなります！

　小規模宅地等の減額とは、居住用宅地で最大 330㎡及び事業用宅地で最大 400㎡までは 80%、または貸地などにつき 200㎡まで 50%の評価減を受けることができる特例制度です。

☆小規模宅地等の取扱一覧表

区分	相続開始直前の状況			要件	軽減割合	課税割合
事業用宅地用	被相続人等の事業用宅地等	不動産貸付業等以外の事業用	被相続人の事業用	「特定事業用宅地等」に該当する宅地等	80%	20%
			被相続人と生計を一にする親族の事業用	「特定事業用宅地等」に該当する宅地等	80%	20%
		不動産貸付業等の事業用		「特定同族会社事業用宅地等」に該当する宅地等	80%	20%
				「貸付事業用宅地等」に該当する宅地等	50%	50%
居住用宅地等	被相続人の居住用宅地等			「特定居住用宅地等」に該当する宅地等	80%	20%
	被相続人と生計を一にする親族の居住用宅地等			「特定居住用宅地等」に該当する宅地等	80%	20%

出典『図解相続税・贈与税』（財団法人大蔵財務協会）一部抜粋

（1）特定居住用宅地等

①概要

　被相続人やその同一生計の親族等が住んでいた土地であって、さらに基本的には以下の要件を満たせば、特定居住用宅地等として最大 330㎡まで、80%土地の評価が下がります！

> イ．その土地を相続開始から 10 ヶ月を経過した日まで所有している
>
> ロ．土地を取得した人が相続開始から 10 ヶ月を経過した日までその土地に
> 　　住んでいる

以下、よくあるケースごとに見てみましょう。

② 配偶者が土地を取得した場合

　被相続人やその子供等が住んでいた土地を配偶者が取得した場合、①イ、ロの要件に関係なく、無条件で特定居住用宅地等になります！

③同居親族が土地を取得した場合

　被相続人と同居していた親孝行息子が被相続人と一緒に住んでいた土地を取得する場合には、①イ、ロの要件を満たせば、特定居住用宅地等になります！

④同一生計親族が住んでいた土地

　被相続人と同一生計の親族が自分が住んでいる土地を取得する場合には、①イ、ロの要件を満たせば、特定居住用宅地等になります！

　具体例を見てみましょう。

（例）亡くなった田中さんのケース

前提条件：

　イ．田中さんは新宿と町田に土地を持っている

　ロ．田中さんは町田に居住している

　ハ．新宿には息子夫婦が居住している

　この場合に息子さんが新宿の土地を取得し、相続後も新宿に住んでいれば、特定居住用宅地等に該当します。

　ただし、息子さんが（イ）同一生計親族に該当し、（ロ）田中さんから土地を無償で借りて住んでいることが条件です。

※　同一生計親族とは？

　同一生計親族とは抽象的な概念ですが、例えば息子さんとその奥様が田中さんの日々の生活の面倒を見るために町田に通っていたり、息子さんが仕送りを送っていたりしているような場合、同一生計親族であると考えられます。

⑤３年内家なき子

　被相続人の住んでいた土地を取得した親族が、次の要件を満たす場合には、特定居住用宅地等に該当します。

イ．相続開始前３年以内にその人、又はその人の配偶者の所有する家屋（被相続人が住んでいた家屋を除く）に住んだことがない

ロ．申告期限まで引き続きその土地を保有している

ハ．被相続人に配偶者又は同居の親族がいない

ニ．相続開始前３年以内に、その者の３親等内の親族またはその者と特別な関係のある法人が有する国内に所在する家屋に居住したことがない

ホ．相続開始時において居住していた家屋を過去に所有していたことがない

→　一般的には二次相続の場合に、一人で住んでいた配偶者の自宅を相続する人が、３年内家なき子に該当する可能性があります！

⑥留意点

イ．相続開始から 10 ヶ月を経過した日までに居住しなくなった場合には、評価減の適用はありません。（配偶者が相続する場合を除く）

ロ．居住用の土地を共有で相続した場合には、それぞれの相続人ごとに要件を判定し、要件を満たさない相続人の持分については評価減の適用はありません。

ハ．一棟の建物のうち居住用とそれ以外がある場合には、居住用部分に対応する土地についてこの評価減の適用があります。それ以外の部分に対応する土地はそれぞれの利用区分に応じた評価減の適用ができる場合があります。

（2）特定事業用宅地等

①概要

　被相続人やその同一生計の親族等が事業をしていた土地であって、さらに基本的には以下の要件を満たせば、特定事業用宅地等として最大 400㎡まで、80％土地の評価が下がります！

イ．その土地を相続開始から 10 ヶ月を経過した日まで所有している

ロ．土地を取得した人が相続開始から 10 ヶ月を経過した日までに事業を引き継ぎ、かつ、営んでいる

ハ．ただし下記の宅地等は除く

　相続開始前 3 年以内に被相続人の事業の用に供された宅地等（一定の場合を除く）（ハの要件は 2019 年 4 月 1 日以後の相続等について適用。ただし、同日前から事業の用に供している土地を除く）

以下、具体例で見てみましょう。

②魚屋を経営していた父が亡くなった場合

　新宿で魚屋を経営していたお父さんが亡くなっに場合、息子さんが新宿の魚屋を引き継いで経営すれば、新宿の土地は特定事業用宅地等に該当します！

③亡くなったお父さんとは別の事業をしている息子がいる場合

> （例）亡くなった加藤さんのケース
>
> 前提条件：
>
> イ．加藤さんは新宿と町田に土地を持っている
>
> ロ．加藤さんは町田で八百屋を経営している
>
> ハ．新宿では息子夫婦が魚屋を経営している

　この場合、息子さんが新宿の土地を取得し、相続後も魚屋を経営していれば、新宿の土地は特定事業用宅地等に該当します！

　ただし、息子さんが（イ）同一生計親族に該当し、（ロ）加藤さんから新宿の土地を無償で借りていることが条件となります。

　なお、この場合、息子さんが加藤さんの八百屋を引き継げば、町田の土地も特定事業用宅地等に該当し、新宿と町田の土地の面積合計400㎡まで、80％減額できます。

　このケースでは、新宿の土地のほうが町田より価値が高いため、魚屋と八百屋のどちらか一方しかできない場合には、相続税を考えると、土地の評価が高い新宿の魚屋を続けていた方がお得ということになります。

④留意点

> イ．相続開始から10ヶ月を経過した日までに事業を廃止等した場合には、評価減の適用はありません。
>
> ロ．事業用の土地を共有で相続した場合には、それぞれの相続人ごとに要件を判定し、要件を満たさない相続人の持分については評価減の適用はありません。

（3）特定同族会社事業用宅地等

①概要

　被相続人のオーナー会社（特定同族会社）が事業を行っている土地であって、さらに基本的には以下の要件を満たせば、特定同族会社事業用宅地等として最大 400㎡まで、80%土地の評価が下がります！

イ．被相続人がオーナー会社にその土地を有料で貸している

ロ．土地を取得した人は、相続開始から 10 ヶ月間、その土地を所有している

ハ．オーナー会社は相続後も引き続き事業を行っている

ニ．申告期限において取得者がオーナー会社の役員であること

---

②具体例

（例）亡くなった中田さんのケース

前提条件：

イ．中田さんは（株）中田商店のオーナー社長である。

ロ．中田さんは新宿に土地を持っている。

ハ．（株）中田商店は新宿で飲食店を経営している

　この場合、（イ）息子さんが相続税の申告期限までに（株）中田商店の役員となり、（ロ）（株）中田商店は相続後も変わらずに新宿で飲食店を経営していれば、特定同族会社事業用宅地等に該当します！

　なお、特定同族会社とは、相続開始の直前において50％超の議決権を亡くなった方とその一族（内縁の妻等も含む）が占めている会社をいいます。

　また、役員となる親族の方は同居親族や同一生計親族でなければならないといった制限はなく、親族であればOKです。

　ですが、（株）中田商店が営む事業が不動産賃貸業であった場合には特定同族会社事業用宅地等の適用はなく、貸付事業用宅地等に該当する宅地等として最大200㎡、50％の評価減までとなります。

（4）貸付事業用宅地等

①概要

　被相続人が不動産賃貸業を行っていた土地であり、下記の要件を満たすことにより、最大 200㎡まで、50%土地の評価が下がります。

> イ．被相続人等が、不動産賃貸業を行っている土地であること
> ロ．その土地は建物、構築物の用に供しているものであること
> ハ．相続人が相続税の申告期限まで貸付事業を継続し、宅地を保有していること
> ニ．相続開始前 3 年以内に貸付の用に供した不動産ではないこと（ただし一定の場合を除く）

②具体例

> （例）亡くなった高橋さんのケース
> 前提条件：
> イ．高橋さんは、土地と建物を保有し、他人に賃貸し、大家さん（不動産賃貸業）をしている。
> ロ．賃貸料は、毎月適正額を受取っており、不動産所得として毎年確定申告をしている

　この場合、この土地建物を相続した、高橋さんのご長男が、引き続き、相続税の申告期限まで事業を継続し、かつ、同日まで保有する場合に限り、小規模宅地の減額が受けられます。

　賃貸用物件の他、自宅など他に小規模宅地の特例を受ける土地がある場合には、一定の調整計算により適用面積を計算することになります。

（5）その他

①特定事業用宅地等と特定居住用宅地等との完全併用

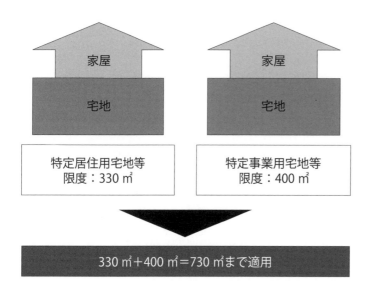

<留意点> 賃貸アパートなどの貸付事業用宅地等については、一定の調整計算により併用することができます。

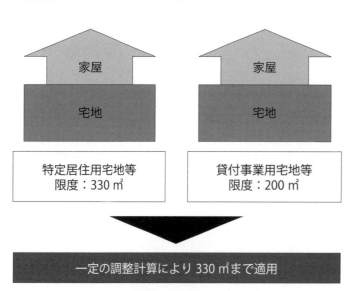

②二世帯住宅への適用

　一棟の二世帯住宅で、構造上区分されているものについて、１Ｆと２Ｆが行き来できなくても、その敷地全体が特例の対象となります。（ただし、区分所有登記がされているものは除かれます。）

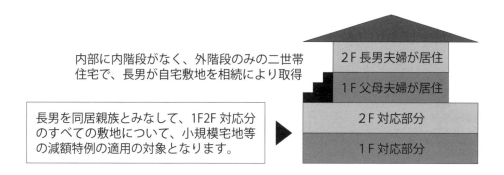

内部に内階段がなく、外階段のみの二世帯住宅で、長男が自宅敷地を相続により取得

長男を同居親族とみなして、1F2F 対応分のすべての敷地について、小規模宅地等の減額特例の適用の対象となります。

- 2Ｆ長男夫婦が居住
- 1Ｆ父母夫婦が居住
- 2Ｆ対応部分
- 1Ｆ対応部分

③老人ホーム入居時の要件

　老人ホームに入所したことにより、被相続人の居住の用に供されなくなった家屋の敷地について、一定の要件を満たす場合に、被相続人の居住用宅地として特例の対象となります。

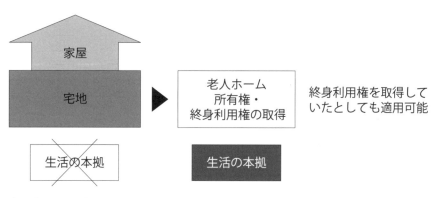

家屋

宅地

老人ホーム
所有権・
終身利用権の取得

終身利用権を取得していたとしても適用可能

生活の本拠

生活の本拠

（一定の要件）

・被相続人に介護が必要なため入所したものであること（相続開始の直前において要介護認定や要支援認定を受けていることが必要）。

・その家屋が貸付け等の用途に供されていないこと。

（事例の検討）

（イ）同居親族

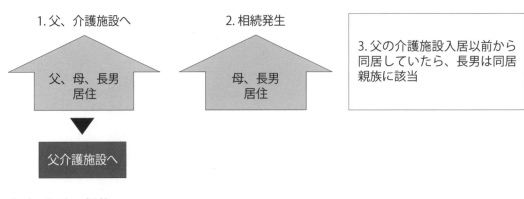

1. 父、介護施設へ
父、母、長男
居住

↓
父介護施設へ

2. 相続発生
母、長男
居住

3. 父の介護施設入居以前から同居していたら、長男は同居親族に該当

（ロ）生計一親族

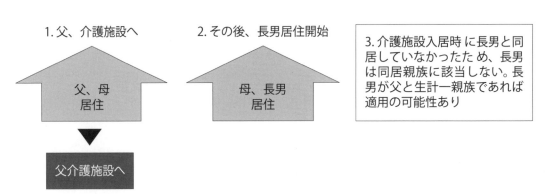

1. 父、介護施設へ
父、母
居住

↓
父介護施設へ

2. その後、長男居住開始
母、長男
居住

3. 介護施設入居時に長男と同居していなかったため、長男は同居親族に該当しない。長男が父と生計一親族であれば適用の可能性あり

（ハ）3年内家なき子

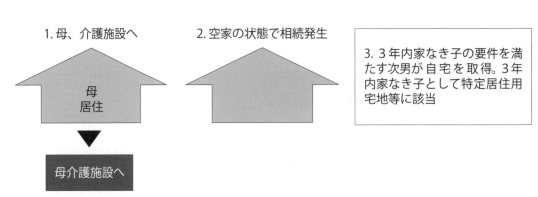

1. 母、介護施設へ
母
居住

↓
母介護施設へ

（配偶者・同居親族なし）

2. 空家の状態で相続発生

3. 3年内家なき子の要件を満たす次男が自宅を取得。3年内家なき子として特定居住用宅地等に該当

6 取引相場のない株式等に係る贈与税・相続税の納税猶予制度の特例 創設

Point

2018 年 1 月 1 日以降、事業承継税制が大きく変わりました。

従来の事業承継税制に加え、

新たに 10 年間限定の事業承継税制の特例が施行されました。

（1）改正前後の比較

	内容	【改正前】	【改正後】
相続税・贈与税の負担を軽減	猶予対象株式の制限	発行済議決権株式総数の最大3分の2が対象	後継者が取得した株式の全てが対象
	上記株式の納税猶予割合	納税猶予の対象となった株式に係る相続税の80%が猶予対象	納税猶予の対象となった株式に係る相続税の100%が猶予対象 （贈与税は従前より全額が対象）
承継パターンの拡大	贈与者・被相続人	代表権を有していた者	代表権を有していた者以外の者も対象
	後継者	同族関係者で過半数の議決権を有する後継者1人	最大3人まで猶予 （総議決権数10%以上有する者のみ）
	相続時精算課税の適用範囲	贈与者の直系卑属等	相続人以外の後継者も対象
雇用要件の緩和	雇用確保（維持）要件	承継後5年間は平均8割の雇用維持が必要	承継後5年以内に平均8割の雇用を下回ったとしても、雇用要件を満たせなかった理由を記載した書類を都道府県に提出すれば引き続き納税猶予は継続される（納税猶予の期限は確定しない）
経営環境変化への対応	譲渡（M&Aなど）・解散・合併等の納税猶予額の減免	会社を譲渡・解散・合併等をした場合は、原則、猶予税額を全額納税	会社を譲渡・解散・合併等をした場合でも、その時点での株式価値を再計算して差額を減免

（2）事業承継税制を受けるための手続きのイメージ

　事業承継の際の贈与税・相続税の納税を猶予する「事業承継税制」の適用を受けるには、下記①②の必要があります。

　① 2026 年 3 月 31 日までに特例承継計画を提出し、

　② 2027 年 12 月 31 日までに事業承継者に対し、株式の移譲をする

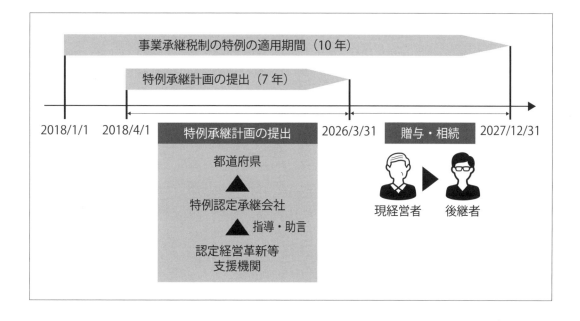

7 取引相場のない株式等に係る相続税の納税猶予制度の特例

[**特定認定承継会社の主な要件**]

○経営承継円滑化法上の中小企業者であること
○2018 年 4 月 1 日から 2026 年 3 月 31 日までの間に、特例承継計画を都道府県に提出した会社であって、経営承継円滑化法の認定を受けたものであること
○上場会社、資産管理会社、風俗営業会社に該当しないことなど

[**認定基準**]

被相続人、後継者及び会社に係る要件等に該当しているか否か

＜対象となる中小企業者の範囲＞

	資本金の額　又は	従業員の数
製造業、建設業、運輸業、その他の業種	3 億円以下	300 人以下
ゴム製品製造業（自動車又は航空機用タイヤ及びチューブ製造業並びに工業用ベルト製造業を除く）	3 億円以下	900 人以下
卸売業	1 億円以下	100 人以下
小売業	5 千万円以下	50 人以下
サービス業	5 千万円以下	100 人以下
ソフトウェア業又は情報処理サービス業	3 億円以下	300 人以下
旅館業	5 千万円以下	200 人以下

[先代経営者（被相続人）の主な要件]

○会社の代表者であったこと
○相続開始の直前において、同族関係者（親族等）と合わせて総議決権数の 50%超の議決権数を保有し、かつ、後継者を除いた同族関係者の中で最も多くの議決権数を保有していたこと

[後継者（相続人）の主な要件]

○相続開始日の翌日から 5 ヶ月を経過する日以後において、会社の代表者であること
○相続開始の直前において、会社の役員であること（被相続人が 60 歳未満で死亡した場合を除く）
○相続開始時において、同族関係者（親族等）と合わせて総議決権数の 50%超の議決権数を保有し、その同族関係者で特例承継計画に後継者として記載された者（複数可能）のうち、単独で総議決権数の 10% 以上を保有する上位 3 名までの者

株式の相続

被相続人　▶　後継者

会社

5 年間　　　その後

認定　▲

都道府県知事

事業継続のチェック

事業継続期間は毎年 1 回、その後は 3 年毎に税務署長への届出が必要

[事業継続要件]

5 年間の事業継続。具体的には、
・後継者が代表権を有していること。
・5 年間平均で雇用のが 8 割以上を維持。（ただし、8 割を維持できなかった場合にその理由を記載した報告書を都道府県に提出すれば、直ちに認定取消とはならない。）
厚生年金保険及び健康保険加入者をベース（「パート」等の非正規社員は除く）
・相続した対象株式の継続保有。
組織再編を行った場合であっても、実質的な事業継続が行われているときには認定を継続

[その後]

その後は、対象株式を継続保有していれば、次の場合に相続税の猶予税額を免除する。
○後継者が死亡した場合
○会社が破産又は特別清算した場合
○5 年経過後に対象株式の時価が猶予税額を下回る中、その株式の全部譲渡又は M&A を行った場合（ただし、譲渡対価等を超える一定額のみ免除）
○次の後継者に対象株式を一括贈与した場合

8 取引相場のない株式等に係る贈与税の納税猶予制度の特例

Point

先代経営者保有の対象株式の全部又は一定以上の株式を

一括で贈与により取得した場合には、

猶予対象株式等の贈与にかかる贈与税の全額の納税が猶予されます。

（後継者が既に保有していた議決権株式等を含め

発行済議決権株式総数の 2/3 に達するまでの部分。

適用対象者の要件

既に後継者が所有している分も含めて**発行済議決権株式総数の 3 分の 2 まで適用可能**

先代経営者

[**先代経営者（贈与者）の主な要件**]

○会社の代表者であったこと
○贈与の直前において、同族関係者（親族等）と合わせて総議決権数の 50%超の議決権数を保有し、かつ、後継者を除いた同族関係者の中で最も多くの議決権数を保有していたこと
○贈与時において会社の代表権を有していないこと（ただし、有給役員として残留可能）

後継者 　　株式の贈与

[**後継者（受贈者）の主な要件**]

○贈与日において、会社の代表者であること（贈与者の親族であることを要しない）
○贈与日において、18 歳以上、かつ、役員就任から 3 年以上経過していること
○贈与日において、同族関係者（親族等）と合わせて総議決権数の 50%超の議決権数を保有し、その同族関係者で特例承継計画に後継者として記載された者（複数可能）のうち、単独で総議決権数の 10% 以上を保有する上位 3 名までの者

相続時精算課税との併用

贈与税の納税猶予を受ける際に相続時精算課税制度を選択すると、万が一猶予打切りになった場合のリスクを大幅に低減することができます。さらに、事業承継税制の特例の場合は、贈与者が 60 歳以上、受贈者が 18 歳以上であれば、受贈者（後継者）は、推定相続人でなくても相続時精算課税制度の適用が可能となります。

＜前提条件＞
　　・先代経営者（父）の財産は自社株式（非上場）１億円のみとする。
　　・相続人は後継者（子・自社株式の保有なし）とする。
　　・利子税は考慮外とする。
＜税負担＞
　　①と②の比較　自社株式の承継を相続まで待った方が税負担は軽く済んだことになる。
　　①と③の比較　相続まで待って自社株式を承継する場合と、納税猶予を受けたがその後取り消された場合とで、税負担は同額となる。

① 相続により自社株式を取得

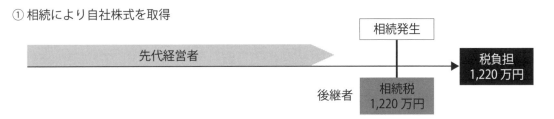

② 相続時精算課税制度を適用せずに納税猶予を受け、その後、納税猶予を取り消された場合

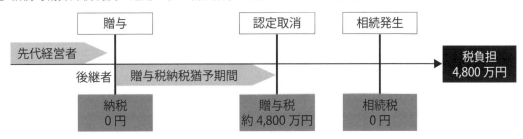

③ 贈与税の納税猶予適用時に相続時精算課税制度を選択。その後、納税猶予を取り消された場合

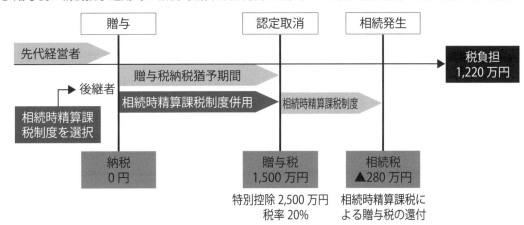

相続税・贈与税の納税猶予制度の流れ

Point

相続税の納税猶予者が、

次の後継者へ対象株式を一括贈与する場合には、

相続税の猶予税額が免除されます。

相続税の納税猶予制度と相続時精算課税制度を併用することによって、

より効果的な対策が期待できます。

経営者（2代目）

経済産業大臣の認定の有効期間（5年間）経過後

相続税の納税猶予の適用 → ── 一括贈与 ── ← 相続税の 猶予税額の免除

経営者（3代目）

贈与税の発生

贈与税は、相続税と比較して、基礎控除が小さく、税率の累進度合も高いこともあり、負担が一層大きい。

▼

贈与税の納税猶予制度の創設

贈与税の納税猶予制度は、贈与者（2代目経営者）が相続税の納税猶予制度の適用を受けていない場合であっても利用可能です。

贈与税の納税猶予の適用

[贈与税の納税猶予の適用の要件]

相続税の納税猶予制度と同様
○都道府県知事の認定を受けること。
○雇用確保を含む5年間の事業継続を行い、その後も株式を継続保有すること。

経営者（2 代目）
の死亡

①贈与税の
猶予税額の免除 ＋ ②相続税の
課税

③相続税の納税猶予の適用

［相続税の猶予税額の免除の要件］

【経営者】○贈与時において代表権を有していないこと。
【後継者】○贈与時において代表権を有していること。
　　　　　○下記の「贈与税の納税猶予の適用」を受けること。等

① 　贈与税の猶予税額は免除
② 　対象株式について、経営者から後継者に相続があったものと
　　みなして贈与時の評価で相続税を課税
③ 　②で課税された相続税の納税猶予を適用

○相続税の納税猶予の認定要件のうち一定のものを満たすことに
ついて、都道府県知事の認定を受けることが必要。
○5 年間の事業継続は課されないが、株式の継続保有等の要件を
満たすことが必要。

10 中小企業における 経営の承継の 円滑化に関する法律

Point

事業承継税制の抜本拡充や民法上の遺留分制度による
制約への対応を始めとする事業承継円滑化のための
総合的支援策の基礎となる
「中小企業における経営の承継の円滑化に関する法律」が
2008年10月より施行されています。

(1) 概要

　この法律は、雇用を支え、我が国経済の基盤である中小企業について、事業の円滑な継続を支援することを目的としています。その法律の骨子は下記のとおりです。

①相続税の課税についての措置

　非上場株式等にかかる相続税の納税猶予制度を創設し、経営承継に伴い事業活動の継続に支障が生じることを防止します。

②遺留分に関する民法の特例

　一定の要件を満たす中小企業者の後継者が、先代経営者の遺留分権利者全員と合意を行い、所要の手続き（経済産業大臣の確認・家庭裁判所の許可）を経ることにより、以下の遺留分に関する民法の特例の適用を受けることができます。

ⅰ　除外合意
ⅱ　固定合意

③金融支援

　代表者の死亡等に起因する経営の承継に伴い、事業活動の継続に何らかの支障が生じていると認められる中小企業者が、経済産業大臣の認定を受けることにより、以下の支援措置を受けることができます。

ⅰ　借入に関し、中小企業信用保険法に規定する普通保険等を別枠化する

ⅱ　代表者に対して、株式会社日本政策金融公庫及び沖縄振興開発金融公庫が必要な資金を貸し付けることを可能とする

(2) 遺留分に関する民法の特例

①除外合意

　先代経営者の生前に、経済産業大臣の確認を受けた後継者が、遺留分権利者全員との合意内容について家庭裁判所の許可を受けることで、先代経営者から後継者へ生前贈与された自社株式その他一定の財産について、遺留分算定の基礎財産から除外できる制度です。

【原則】

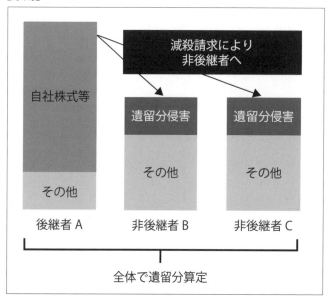

【特例】

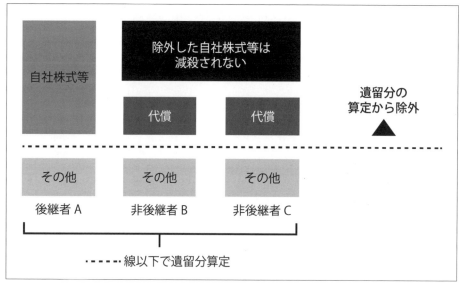

出典：中小企業庁

・事業継続に不可欠な自社株式等に係る遺留分減殺請求を未然防止

・後継者単独で家庭裁判所に申し立てるため、現行の遺留分放棄制度と比して、非後継者の手続きは簡素化

②固定合意

　生前贈与後に株式価値が後継者の貢献により上昇した場合でも、遺留分の算定に際しては相続開始時点の上昇後の評価で計算されてしまいます。このため、経済産業大臣の確認を受けた後継者が、遺留分権利者全員との合意内容について家庭裁判所の許可を受けることで、遺留分の算定に際して、生前贈与株式の価額をその合意時の評価額で予め固定できる制度です。

【原則】

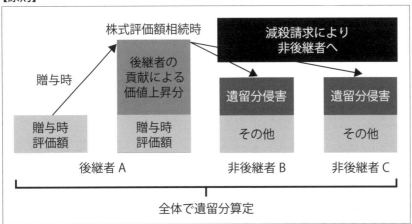

【特例】

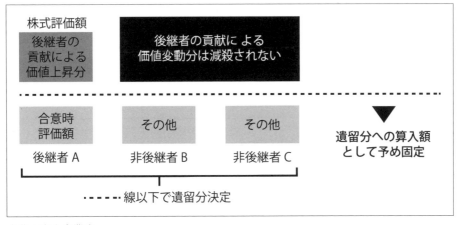

出典：中小企業庁

・後継者が株式価値上昇分を保持できる制度の創設により、
経営意欲の阻害要因を排除

11 民法改正による遺留分の算定方法の見直し

Point

遺留分を算定するための財産の価額に算入する生前贈与の範囲が、下記の表のとおり改正されます。（2019 年 7 月 1 日施行）

（1）概要

　相続人に対する贈与は、相続開始前の 10 年間にされたものに限り、その価額を、遺留分を算定するための財産の価額に算入することとなります。

　この改正により、より早い段階、つまり相続開始前 10 年より前に事業承継を行うことで、P123（2）遺留分に関する民法の特例を使わなくとも、後継者へ承継した自社株を、遺留分の算定基礎から除くことが可能となります。

　相続開始後の争いを避けるためにも早めの事業承継の検討が重要と言えるでしょう。

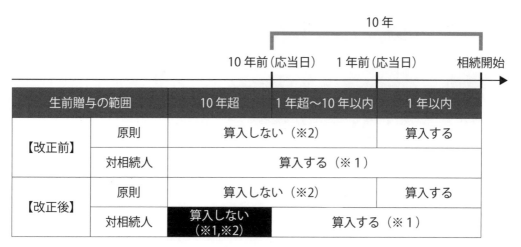

生前贈与の範囲		10 年超	1 年超〜10 年以内	1 年以内
【改正前】	原則	算入しない（※2）		算入する
	対相続人	算入する（※1）		
【改正後】	原則	算入しない（※2）		算入する
	対相続人	算入しない（※1,※2）	算入する（※1）	

※ 1 特別受益に該当する ものに限る
※ 2 当事者双方が遺留分 権利者に損害を与えること を知ってしたものについては、算入する

12 農地等の相続税の納税猶予制度

Point

生産緑地の指定を受けた場合、

土地の評価が路線価ではなく、はるかに安い農業投資価格で評価され、

相続税の大部分が納税猶予されます！

（1）概要

　納税猶予制度とは、農業を代々営んでいる一家について、今後も農業経営を続けていくことを条件として、相続の際に農地等の評価を大幅にさげ（農業投資価格による評価になります）、また、農業経営を続けていれば農業投資価格を超える部分に係る相続税を免除するという制度です。

　この規定の適用対象となる農地等を特例農地等といい、農業経営を引き継ぐ相続人を農業相続人といいます。

※　農業投資価格…国税局長が定めた価格で、将来宅地として転売すれば高く売れるであろうという潜在的な宅地期待益ともいうべき部分が除かれた場合の取引価格をいいます。

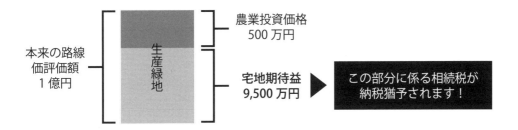

（2）納税猶予期限

　納税猶予された相続税は、下記の表の期間が過ぎれば免除されます。生産緑地地区を除く特定市以外の市街化区域の農地は 20 年間、都市営農農地・市街化区域外農地は一生、農業相続人が農業を続ければ免除ということになります。

　ただし、納税猶予期限前に、農業をやめたり、農地等を売却した場合には、納税が猶予されていた相続税を利子税とともに納付しなければなりません。

地域	評価方法	納税猶予の要件
① 特定市以外の市街化区域内農地	農地課税	20 年営農すれば相続税免除 （生産緑地地区を除く）
② 市街化区域外農地		終身営農すれば相続税免除
③ 都市営農農地※1		

※1 都市営農農地とは、特定市街化区域農地のうち、生産緑地指定を受けた地区にある農地をいいます
※2 ①と②または①と③の両方を相続する場合には、両方とも終身営農になります

（3）適用要件

イ．原則として被相続人が死亡する日までこの特例の適用を受けようとする農地等で農業を営んでいること。（市街化区域外農地について一定の場合には貸付等をしても納税猶予が取消されない場合があります。）

ロ．農業相続人は、相続税の申告期限までに農業経営を開始し、その後も引き続き農業経営を行うと農業委員会が証明した者であること

ハ．適用対象農地等は、農地及び採草放牧地又は準農地でかつ相続税の申告期限までに遺産分割されているもの。ただし、三大都市圏の特定市の市街化区域内の農地は、都市営農農地以外は、納税猶予の対象になりません

ニ．一定の事項を記載した期限内申告書の提出が必要です

ホ．相続税の申告期限までに担保を提供すること

ヘ．申告期限内に分割していること。⇒未分割の場合、一切適用はありません

13 申告期限までに相続財産が未分割の場合

相続税の申告期限までに、遺産分割がまとまらず未分割の状態で申告書を提出する場合には、「申告期限後 3 年以内の分割見込書」を提出することが重要です。

この分割見込書を提出することにより、申告期限後 3 年以内に遺産分割が行われた際には、配偶者の税額軽減および小規模宅地等の減額の特例を受けることができます。

※取引相場のない株式等の納税猶予及び農地等の納税猶予に関しては、申告期限内に分割していることが条件ですのでご注意下さい。

なお、未分割の状態が 3 年を超える場合において、遺産分割後に小規模宅地の特例等を受けるためには、申告期限後 3 年を経過する日の翌日から 2 か月を経過する日までに、別途「遺産が未分割であることについてやむを得ない事由がある旨の承認申請書」を提出する必要があります。

※未分割賃料の取扱い

相続開始から遺産分割までの間に発生した賃料債権は、遺産とは別個の財産であり、各相続人がその相続分に応じて分割単独債権として取得するものとなります。したがって、この未分割賃料を加味して遺産分割を行う必要があります。

第**6**章

遺言がある場合の手続き

1 遺言の種類

Point

遺言の種類は3種類ありますが、一般的には

「公正証書遺言」

「自筆証書遺言」

の方式が使用されています。

(1) 公正証書遺言

遺言の内容を公証人が公正証書として作成するものです。

原本が公証人役場に保管されますので、より安全・確実な遺言といえます。

【公正証書遺言の作成手数料】

遺産額	手数料
100 万円まで	5,000 円
200 万円まで	7,000 円
500 万円まで	11,000 円
1,000 万円まで	17,000 円
3,000 万円まで	23,000 円
5,000 万円まで	29,000 円
1 億円まで	43,000 円
以降超過額 5 千万円ごとに 3 億円まで	13,000 円を加算
以降超過額 5 千万円ごとに 10 億円まで	11,000 円を加算
以降超過額 5 千万円ごとに 10 億円	8,000 円を加算

《注》・この手数料は相続人、受遺者毎に価額を算定して合算します
　　　・相続、遺贈額合計が 1 億円に満たないときは、11,000 円を加算します

（2）自筆証書遺言

　遺言者が自筆で遺言書を書くものです。

　公証人や証人を必要としないので簡便なようですが、不備があれば遺言が無効になってしまうことがあります。また、自筆証書遺言は、相続開始後、家庭裁判所の検認を受けることが必要です。

注意点

　イ．遺言書本文を自筆すること

　　　［2018年民法改正！］

　　　財産目録はパソコンで作成することが可能となりました。また不動産については登記簿謄本、預貯金については通帳コピーで代替することも可能となりましたので、利便性が高まりました。その代わり、遺言本文とこれら財産目録との一体性を確保するため、全ページに自署押印をする必要があります

　ロ．年月日の日付を自筆する

　ハ．押印は、実印が好ましいが認印、拇印でも有効

　ニ．加除訂正箇所は、その箇所に押印の上署名が必要

　ホ．封印をするのが望ましい

［2018年民法改正！］

　自筆証書遺言について法務局での保管を申請することが可能となります。

　その場合には相続開始後の家庭裁判所の検認が不要となり、相続開始後の手続きがスムースになります。（2020年7月10日より施行）

（3）秘密証書遺言

　遺言者が署名・押印した遺言書を封筒に入れ、同じ印で封印をし、公証人・証人2人以上の前に提出し、自己の遺言であることを証明してもらう方法です。

注意点 ── イ．ワープロ・代筆は可能だが、自署が必要

　　　　　　ロ．押印は認印でも有効

　　　　　　ハ．内容について、公証人はチェックしていないので無効や紛争の可能性あり

2 遺言書の開封・検認・執行

（1）遺言書の開封・検認

　公正証書遺言及び法務局で保管されていた自筆証書遺言を除いて、遺言書は家庭裁判所の検認が必要となります。また、封印がある遺言書の場合は家庭裁判所で開封しなければなりません。（勝手に開封してはいけません。）検認とは、遺言書の内容・体裁を確認し、偽造・変造を防止するための証拠保全を目的とするものです。したがって、遺言が有効か無効かということには家庭裁判所は関知しません。

　そのため、遺留分を侵害するような内容である場合には、別途に遺留分侵害額請求を行うことになります。

　具体的には、遺言者の住所地の所轄家庭裁判所に「遺言書検認申立書」とともに遺言書を提出することにより検認証書が作成されます。

（2）遺言の執行

　遺言内容を実現するために、遺産の名義変更等の作業を実行することを遺言の執行といい、その任務にあたる者を遺言執行者といいます。

　遺言執行者は、必ず指定しなければならないものではありません。ただし、遺言内容が複雑な場合や、もめそうな場合には指定しておいた方が賢明です。

　また、遺言書で遺言執行者の指定がない場合で、相続人当事者間では遺言内容を実現できないような場合には、家庭裁判所に遺言執行者の選任の申立てをすることができます。

（3）遺言と遺産分割協議

　遺言がある場合であっても、相続人全員で遺産分割協議が成立すれば、遺言の内容を無視して遺産分割を行うこともできます。

　ただし、遺言により財産を取得する者の中に相続人以外の者がいる場合には、その者の合意が必要となります。

3 遺留分侵害額請求って何？

Point

不公平な財産分割を是正して、
相続人が公平に財産を取得するための制度です。

(1) 特別受益

　もし相続人の中に、生前に被相続人から財産の贈与を受けていた人がいる場合には、贈与された財産を特別受益として、相続財産に加算した金額をベースとして分配することになります。

　民法改正により、相続人に対する贈与は相続開始前の10年間にされたものに限られ、その価額を、遺留分を算定するための財産の価額に算入することとなります。（2019年7月1日より施行）

(2) 遺留分

　もし、被相続人が遺言等で自分の財産を全てあかの他人に遺贈した場合は、その相続人はその後の生活に困ってしまいます。

　そこで、相続人の最低限度の生活保障と言う観点から、本来相続できる取り分のうち一定額までは遺留分として、その相続人が取得することができます。

　この具体的な権利を遺留分侵害額請求権といいます。

☆遺留分の割合

　民法では、相続人に相続分という基本的な財産の分配割合を決めています。

　配偶者以外の相続人（子供や父母・兄弟姉妹）が２人以上いる場合には、配偶者以外の人数で相続分を割ることになります。

　そして、遺留分についても決まっています。基本的には、相続分の割合の２分の１が遺留分の割合になります。

（例外もあります。）

相続人	配偶者のみ	配偶者と子供		配偶者と父母		配偶者と兄弟姉妹		父母のみ
		配偶者	子供	配偶者	親	配偶者	兄弟姉妹	
相続分	1	1／2	1／2	2／3	1／3	3／4	1／4	1
遺留分	1／2	1／4	1／4	1／3	1／6	1／2	－	1／3

(3) 遺留分侵害額請求

　相続人が遺言等によって遺留分を侵害された場合、その相続人は遺贈の効力を失わせて財産を取り戻すことができます。これを遺留分侵害額請求といいます。

　遺留分の侵害額請求は内容証明郵便で行うのが一般的です。

①遺留分侵害額請求権の消滅時効

　遺留分侵害額請求の請求期間は、

イ．相続の開始または遺留分を害する贈与、遺贈があったことを知った日から1年間

　　　　または

ロ．相続開始から10年間

　　この請求期間を過ぎると、遺留分侵害額請求ができなくなるのでご注意下さい

②相手が任意に応じない場合の申立手続

イ．申立先…相手方の住所地の家庭裁判所又は当事者が合意で定める家庭裁判所

ロ．申立てに必要な費用…収入印紙1,200円、連絡用の郵便切手

ハ．申立てに必要な書類

　　(a)　申立書及びその写し　相手方の数の通数

　　(b)　被相続人の除籍、改製原戸籍謄本（出生から死亡までのすべての戸籍謄本）各1通

　　(c)　相続人全員の戸籍謄本各1通

　　(d)　遺言書の写し、不動産登記簿謄本各1通

第 7 章

名義変更の手続き

1 相続開始後の 名義変更の手続き

Point

三 社会保険等の名義変更手続きは早めにすませましょう

（1）社会保険の手続き

相続開始後に行わなくてはならない手続きとして健康保険・年金があります。各保険・年金ごとに以下のような手続きが必要となります。

①健康保険

対象	被相続人	相続人
手続き	資格喪失の手続	被扶養者⇒国民健康保険に加入
		その他⇒他の親族の被扶養者となる
窓口	事業主を通じて健康保険組合	住所地の市区町村の国民健康保険係
支給	葬祭費	

②国民健康保険・後期高齢者医療保険

対象	被相続人	相続人
手続き	資格喪失の手続	世帯主変更／国民健康保険に加入
窓口	住所地の市区町村の国民健康保険係・後期高齢者医療保険係	
支給	葬祭費	

③厚生年金

対象	被相続人	相続人
手続き	資格喪失の手続 （健康保険と同時に行う）	被扶養配偶者は国民年金の種別変更 （第 3 号⇒第 1 号）
窓口	事業主を通じて年金事務所	住所地の市区町村の国民年金係
支給	遺族厚生年金	

④国民年金

対象	被相続人	相続人
手続き	資格喪失の手続	（国民年金にそのまま加入）
窓口	住所地の市区町村の国民年金係	
支給	遺族基礎年金・死亡一時金・寡婦年金	

《注》詳細は各窓口にお問い合わせください。

（2）預金の閉鎖に伴う手続き

　預貯金は本人の死亡を知ったときから保全のために閉鎖されます。

　借入金やクレジットの引き落とし口座がある場合には、そのままにしておくと引き落とし不能による延滞金等がかかってしまいます。そうならない為に、相続人全員の同意書を作成して閉鎖を解除したり、相続人代表の口座を作成してそこから引落が行われるようにしましょう。

　なお、相続人の同意書は通常各金融機関に用意されています。

2 遺産分割後の
名義変更の手続き

Point

遺産分割がスムーズに終ったら

分割財産や公共料金の名義変更を早めにすませましょう

名義変更が終了しないと…

① 次の相続が起こったときの手続きが複雑になります。

② 相続財産を売却することができません。

③ 預貯金を相続税の納税資金に充てることができません。

【相続に従う各種名義変更手続と費用】

対象	手続窓口	提出書類	費用
不動産	法務局（登記所）	・土地家屋所有権移転登記申請書 ・戸籍謄本／住民票 　／印鑑証明書（相続人） ・出生から死亡までの戸籍謄本 　／戸籍の附票／除住民票（被相続人） ・固定資産税評価証明書 ・遺産分割協議書	固定資産税評価額の0.4%
株式	証券会社 信託銀行	・株主名義書換請求書 ・戸籍謄本（除籍者を含む） ・遺産分割協議書 ・相続人全員の印鑑証明書	かかりません
自動車	陸運事務所	・移転登録の申請書 ・有効な自動車検査証 ・戸籍謄本（除籍者を含む） ・自動車賠償責任保険証明書 ・遺産分割協議書 ・相続人全員の同意書／印鑑証明書	一車輌につき500円
預貯金	預貯金先 銀行 郵便局	・依頼書 ・遺産分割協議書 ・戸籍謄本（除籍者を含む） ・相続人全員の印鑑証明書 　家庭裁判所の調停または 　審判で相続が決まった場合 　　　　↓ 　調停調書または裁判所の謄本	かかりません
電話	電話局	加入承継者／住民票 戸籍謄本（除籍者を含む）	かかりません
電気 ガス 水道	最寄りの 各営業所	特にありません	

第**8**章

書式集

1 贈与契約書／通常の場合

贈与契約書

　贈与者　本郷太郎（以下、「甲」と称する。）と、受贈者　本郷花子（以下、「乙」と称する。）は、次のとおり贈与契約を締結した。

　甲は乙に対して　現金　×××　円を贈与することを約し、乙はこれを承諾した。

　　○○年○月○日

　　贈与者　（甲）　住所　東京都○○区○丁目○番○号
　　　　　　　　　　氏名　**本郷 太郎** 印

　　受贈者　（乙）　住所　東京都○○区○丁目○番○号
　　　　　　　　　　氏名　**本郷 花子** 印

2 贈与契約書 / 受贈者が未成年の場合
（法定代理人：父と母が署名捺印）

贈与契約書

　　贈与者　本郷太郎（以下、「甲」と称する。）と、受贈者　本郷花子（以下、「乙」と称する。）は、次のとおり贈与契約を締結した。

　　甲は乙に対して　現金　×××　円を贈与することを約し、乙はこれを承諾した。

　　○○年○月○日

　　　　贈与者　（甲）　住所　東京都○○区○丁目○番○号
　　　　　　　　氏名　**本郷 太郎**　　印

　　　　受贈者　（乙）　住所　東京都○○区○丁目○番○号
　　　　　　　　氏名　**本郷 花子**　　印

　　上記法定代理人（父）　住所　東京都○○区○丁目○番○号
　　　　　　　　氏名　**本郷 一郎**　　印

　　上記法定代理人（母）　住所　東京都○○区○丁目○番○号
　　　　　　　　氏名　**本郷 小百合**　　印

3 遺言書

遺言書

第1条　遺言者所有の下記財産を東京都○○区○丁目○番○号
長男 本郷一郎（○○年○月○日生。以下「一郎」）に相続させる。

記

(1) 土　　地

　　　　　　　所　　在　　　東京都○○区○丁目
　　　　　　　地　　番　　　○番○
　　　　　　　地　　目　　　宅地
　　　　　　　地　　積　　　○○㎡

(2) 家　　屋

　　　　　　　所　　在　　　東京都○○区○丁目○番地○
　　　　　　　家屋番号　　　○番○
　　　　　　　種　　類　　　居宅
　　　　　　　構　　造　　　○○
　　　　　　　床面積　　　　○○㎡

第2条　遺言者所有の下記財産を東京都○○区○丁目○番○号
長女 本郷花子（○○年○月○日生）に相続させる。

記

(1) 預貯金

　　　　　　　① ○○銀行／□□支店
　　　　　　　普通預金　No. ○○○
　　　　　　　② 上記以外の遺言者名義の預貯金の全部

　　（2）有価証券

　　　　　　① ○○証券／□□支店

　　　　　　　　△△製薬（株）株式　5,000 株

　　　　　　② 上記以外の遺言者名義の有価証券の全部

第3条　上記を除くその余の財産が見つかった場合は、一郎に相続さ

　　　　せる。

第4条　本遺言の執行者として下記の者を指定する。

　　　　東京都○○区○丁目○番○

　　　　東 京 太 郎

　　　　○○年○月○日生

○○年○月○日

遺言者　　**本 郷 太 郎**　　印

遺産分割協議書

遺産分割協議書

最後の住所　　東京都○○区○丁目○番○号
最後の本籍　　東京都○○区○丁目○番○号
　被相続人　本郷太郎（○○年○月○日死亡）の遺産については、同人の相続人全員において分割協議を行った結果、各人がそれぞれ次の通り遺産を分割し、債務を負担することに決定した。
記
1.　相続人　本郷一郎　が取得する財産
　　（1）土地
　　　　　　①　　所　　在　　東京都○○区○丁目
　　　　　　　　　地　　番　　○○番○
　　　　　　　　　地　　目　　宅地
　　　　　　　　　地　　積　　○○㎡
　　（2）家屋
　　　　　　①　　所　　在　　東京都○○区○丁目
　　　　　　　　　家屋番号　　○○番○
　　　　　　　　　種　　類　　居宅
　　　　　　　　　構　　造　　木造亜鉛メッキ鋼板葺2階建
　　　　　　　　　床面積　　　1階○㎡　2階○㎡
　　（3）有価証券
　　　　　　①　　証券投資信託／○○証券○○支店
　　　　　　　　　銘　　柄　　○○　　　○○　口
　　　　　　②　　上場株式／○○証券○○支店
　　　　　　　　　銘　　柄　　○○　　　○○　株

2.　相続人　本郷花子　が取得する財産
　　（1）預貯金
　　　　　　　　①　　　○○銀行／○○支店
　　　　　　　　　　　普通預金　　○○○○○○
　　　　　　　　②　　　○○銀行／○○支店
　　　　　　　　　　　定期預金　　○○○○○○

3.　相続人　本郷一郎　は以下の債務を負担する。
　　　　　　　　①　　　未払金　／　○○病院
　　　　　　　　　　　入院診療費　　○○　円
　　　　　　　　②　　　公租公課　／　○○区
　　　　　　　　　　　○○年分固定資産税・都市計画税　　○○　円
　　　　　　　　③　　　葬式費用一式

　　以上の通り、相続人全員による遺産分割の協議が成立したのでこれ
を証する為に本書を作成し、各自署名押印する。
　　なお、その後新たに相続財産及び債務が発見された場合には、相続
人全員で別途協議して決めるものとする。

　　　　　年　　　月　　　日
　　住　　　　　所　　　東京都○○区○丁目○番○号
　　相　　続　　人　　　本郷一郎　　　印

　　住　　　　　所　　　○○県○○市○丁目○番○号
　　相　　続　　人　　　本郷 花子　　　印

153

第 **9** 章

相続税申告資料
チェックリスト

【基本情報】

			職業	
被相続人の氏名	フリガナ			
被相続人の住所				
相続開始年月日		年	月	日

			続柄	
相続人の氏名	フリガナ			
相続人の住所				
電話番号			職業	
生年月日		年	月	日

			続柄	
相続人の氏名	フリガナ			
相続人の住所				
電話番号			職業	
生年月日		年	月	日

			続柄	
相続人の氏名	フリガナ			
相続人の住所				
電話番号			職業	
生年月日		年	月	日

相続人の氏名	フリガナ		続柄	
相続人の住所				
電話番号			職業	
生年月日		年	月	日

相続人の氏名	フリガナ		続柄	
相続人の住所				
電話番号			職業	
生年月日		年	月	日

相続人の氏名	フリガナ		続柄	
相続人の住所				
電話番号			職業	
生年月日		年	月	日

相続人の氏名	フリガナ		続柄	
相続人の住所				
電話番号			職業	
生年月日		年	月	日

A．土地等

	完了	該当なし
（1）公図、測量図	☐	☐
（2）住宅地図	☐	☐
（3）固定資産評価証明書	☐	☐
（4）登記簿謄本	☐	☐
（5）固定資産税納税通知書	☐	☐
（6）賃貸借契約書	☐	☐

B．建物等

（1）固定資産評価証明書	☐	☐
（2）登記簿謄本	☐	☐
（3）その他（売買契約書、対価証明、請負契約書）	☐	☐
（4）名寄帳（固定資産税課税台帳）	☐	☐
（5）賃貸借契約書	☐	☐

C．有価証券

（1）取引相場のある株式

① 残高証明書又は所有株式数証明書（相続開始日）	☐	☐
② 配当金の支払通知書	☐	☐
③ 現物所有の場合は、証券のコピー	☐	☐

（2）取引相場のない株式

P162 参照	☐	☐

（3）その他の有価証券

① 公債・社債など	☐	☐
② 残高証明書	☐	☐

D．現金・預貯金

	完了	該当なし
（1）預貯金残高証明書（相続開始日）	☐	☐
（2）過去5年分の通帳、証書（定期預金等）	☐	☐
（3）相続開始後6ヶ月以内の通帳（被相続人・相続人）	☐	☐
（4）手許現金	☐	☐

【残高証明書をとるためのリスト】

金融機関	支店名	電話番号	担当者	被相続人 戸籍謄本	請求人 戸籍謄本	請求人 実印	請求人 印鑑証明	請求人 認印	請求人 身分証明	預金 通帳	届出印
（例）○○銀行	新宿	000-0000-1234		○	○	○	○		○	○	

E．その他の財産

	完了	該当なし
（1）ゴルフ会員権・リゾート会員権	☐	☐
（2）自動車（車検証のコピー、車種、走行距離）	☐	☐
（3）損害保険（証書等）	☐	☐
（4）貸付金・前払金（借用書等）	☐	☐
（5）書画・骨董・絵画・貴金属等	☐	☐
（6）その他	☐	☐

F．みなし相続財産

	完了	該当なし
（1）生命保険金等		
① 保険証券	☐	☐
② 支払通知書	☐	☐
③ その他（連絡等の葉書・通知書）	☐	☐
（2）退職手当等		
① 支払明細書（源泉徴収票）	☐	☐

G．生前贈与財産加算

	完了	該当なし
（1）贈与税申告書（過去3年分）	☐	☐
（2）贈与契約書	☐	☐
（3）教育資金、結婚、子育て資金の一括贈与の有無	☐	☐

H．相続時精算課税財産

	完了	該当なし
（1）贈与税申告書（選択時以降）	☐	☐
（2）贈与契約書	☐	☐
（3）相続時精算課税選択届出書	☐	☐

Ⅰ．債務・葬式費用

	完了	該当なし
（1）金融機関の残高証明書（借入金）	☐	☐
（2）納税通知書		
① 住民税	☐	☐
② 固定資産税	☐	☐
③ 事業税	☐	☐
④ 国民健康保険料	☐	☐
⑤ 介護保険料	☐	☐
⑥ 国民年金	☐	☐
⑦ その他	☐	☐

	完了	該当なし
（3）　医療費の領収書	☐	☐
（4）　光熱費の領収書	☐	☐
（5）　葬式費用の領収書、メモ	☐	☐

（支払日・支払先・支払先住所・金額・内容）

Ｊ．準確定申告書

	完了	該当なし
（1）　被相続人の過去2年分の確定申告（参考）	☐	☐
（2）　源泉徴収票	☐	☐
（3）　生保・損保 控除証明書	☐	☐
（4）　（還付の場合）相続人の還付口座	☐	☐
（5）　その他必要な書類一式	☐	☐
（6）　相続人のうち海外に居住している者の有無	☐	☐
（7）　上記（6）がありの場合、	☐	☐

被相続人の株式等の価額が 一億円以上あるか否かの確認

K．その他

	完了	該当なし
（1）　過去10年以内に相続があった場合には、	☐	☐

その相続税申告書（参考）

	完了	該当なし
（2）　遺言書がある場合には遺言書の写し	☐	☐
（3）　自宅金庫・銀行貸金庫の中身	☐	☐

取引相場のない株式評価のための収集資料一覧

評価対象会社：

_____

＜必須＞

☐　直近３年分の法人税の申告書・決算書・内訳書・法人事業概況説明書・減価償却
　　台帳・土地の簿価の内訳書（消費税・法人県民税・法人市民税申告書含む）

☐　評価会社の商業登記簿謄本

＜必要に応じて＞

⇒上記の決算書より、必要となるものを選択

① 土地関係

☐　登記簿謄本（所有者と取得年月日の確認（３年内取得かを特に注意））

☐　固定資産評価明細書

☐　公図、測量図

☐　住宅地図

☐　賃貸借契約書のコピー

☐　税務署への届出書（相当の地代に関する届出書・土地の無償返還に関する届出書）

☐　利用状況（自分で使用しているか、他人に貸しているかなど）の確認

② 建物関係

☐　登記簿謄本（所有者と取得年月日の確認（３年内取得かを特に注意））

☐　固定資産評価明細書

☐　賃貸借契約書のコピー

☐　税務署への届出書（相当の地代に関する届出書・土地の無償返還に関する届出書）

☐　利用状況（自分で使用しているか、他人に貸しているかなど）の確認

③ □　有価証券の残高証明書

④ □　ゴルフ会員権の証券・リゾート会員権の契約書等

⑤ □　課税時期時点の生命保険契約解約返戻金の額（保険会社に確認）

　　　　※会社が全額損金経理している保険料を含みます。

⑥ □　役員退職給与規定／承認株主総会議事録

⑦ □　株主名簿（過去 10 年分の株主移動表）

⑧ □　役員名簿・親族関係図

⑨ □　法人の定款

⑩　従業員の人数の把握

　　□　給与台帳、役員名簿、パート・アルバイトの労働時間がわかるもの（タイムカードなど）

辻・本郷 税理士法人

業務案内

事業承継 資産承継	相続税・贈与税申告 営業譲渡 持株会社設立 従業員持株会の組成	自己株式譲渡 金庫株の取得 株式交換・株式移転 会社合併・会社分割
法人・個人 税務顧問	法人税務顧問 個人税務顧問 株式公開のための諸準備	キャッシュフローを 重視した タックスプランニング
医療顧問	新規開業支援業務 経営相談業務 事業承継業務	会計税務業務 医療法人設立業務 人事労務業務

連絡先 ご質問・お気づきの点等ございましたらお気軽にご連絡ください。

辻・本郷 税理士法人	〒 160-0022 東京都新宿区新宿 4 丁目 1 番 6 号 JR 新宿ミライナタワー 28 階 TEL　03-5323-3301（代表） FAX　03-5323-3302 URL　http://www.ht-tax.or.jp/

資産相続研究会

（編集委員）

木村信夫　松浦真義　　伊藤健司　鈴木　淳　山口拓也

内田陽子　井口麻里子　武内　綾　薗田優子　奥井愛香
宮崎勝也　小田嶋恒司　香西舞衣　清水一史　内藤智之
安藤　薫　渡辺悠貴　　木下貴継　両瀬逸美　小田桐潤
山口秀樹　木村律子

相続これで安心
12 訂版

2003 年 6 月 30 日　初版第 1 刷発行
2024 年 5 月 1 日　12 訂版第 1 刷発行

編著　辻・本郷 税理士法人
発行者　鏡渕 敬

発行所　株式会社東峰書房
〒 160-0022　東京都新宿区 4-2-20
電話 03-3261-3136
https://tohoshobo.info/

デザイン　塩飽晴海
印刷・製本　株式会社シナノパブリッシングプレス